如果你不了解自己的"心魔",它就会变成烧毁仕途的烈焰。

为官之诫

李飞龙 著

北京大学出版社
PEKING UNIVERSITY PRESS

图书在版编目（CIP）数据

为官之诫 / 李飞龙著 . —北京：北京大学出版社，2015.2

ISBN 978-7-301-25212-3

Ⅰ.①为… Ⅱ.①李… Ⅲ.①领导学—通俗读物 Ⅳ.① C933-49

中国版本图书馆 CIP 数据核字（2014）第 285073 号

书　　　名	为官之诫
著作责任者	李飞龙　著
责任编辑	刘　维
标准书号	ISBN 978-7-301-25212-3/F · 4107
出版发行	北京大学出版社
地　　　址	北京市海淀区成府路 205 号　100871
网　　　址	http://www.pup.cn　新浪官方微博：@北京大学出版社
电子信箱	hzghbooks@163.com
电　　　话	邮购部 62752015　发行部 62750672　编辑部 65913539
印刷者	北京雁林吉兆印刷有限公司
经销者	新华书店
	787 毫米 ×1092 毫米　16 开本　13.25 印张　128 千字
	2015 年 2 月第 1 版　2015 年 2 月第 1 次印刷
定　　　价	42.00 元

未经许可，不得以任何方式复制或抄袭本书之部分或全部内容。
版权所有，侵权必究
举报电话：010-62752024　电子信箱：fd@pup.pku.edu.cn
图书如有印装质量问题，请与出版部联系，电话：010-62756370

目录

为官之诫

序言 也说说"无欲则刚" VII

第一章 发展之诫
功成不必在我

只在乎生产总值增长率,而对全面工作、对自身发展中的突出矛盾不在乎。部分官员为什么纠结于"小我"?根本上就在一个"私"字,还是没解决好世界观、人生观、价值观这个"总开关"问题。

盛世离"和谐"有多远 003

该"向身体学管理"了 008

实现平衡,还需"乾坤大智慧" 012

不贪一时之功,不图一时之名 016

从来打败我们的,不是别人 025

劝君莫忘《过秦论》 029

第二章 改革之诚
从来改革非易事

　　改革变法其实都是要"言利"的,也就是要和经济打交道,和钱有关。一旦用人不淑,就会给那些小人以可乘之机,使之成为某些打着变法之名来营私舞弊,肥了私囊的新贵们翻云覆雨的工具。

托克维尔之问　033
商鞅变法为什么成功　039
奸臣怎么成了改革派　044
革卦和鼎卦的启示　050

第三章 文化之诚
数典忘祖最可怕

　　当今有那么一些人确实"穷"得只剩下钱了,这种没有文化的大款只能叫"土豪",叫"暴发户"。假如一个民族没有文化,那肯定是没有前途的民族。

最核心问题,将是文化问题　065
"软实力"被忘了　067

"穷"得只剩下钱了　069

我们何时没了文化自信　071

传统文化合理在哪儿　078

文化必须复兴　088

第四章　信仰之诚
不问苍生问鬼神

这些"大师"们固然可恨与可恶,但更可悲的是那些对他们顶礼膜拜的人。在科技发达的今天,竟然有那么多人拜倒在他们脚下。这其中不乏明星大腕,不乏一些高级知识分子,更不乏什么企业家和共产党的高级干部。

这个领导"我什么也不信"　093

他们究竟信什么　094

让一部分人先信仰起来　099

别让"不战而胜"成为现实　101

"全民趋利"何时休　104

第五章 官德之诫
有德才能为官

时时刻刻把"德"挂在嘴上,这种人似乎是道德君子,其实是在作秀。他们处处表现的都是有意而为之的造作,这仅仅是世俗之德。真正的"德"是真实,绝不是伪装。所以"下德"之人始终不明白自己是谁,他们的心时时为外物所惑,故为"无德"。

德者才之帅也　113

常存敬畏之心　119

是官员,不是演员　124

领导一定要"三戒"　127

勇于公战,怯于私斗　130

"无为"也是无德　133

第六章 学习之诫
古之学者为己

古人学习是为了提高自己的道德修养,增长自己的学识,而现在有些人恰恰相反,把道听途说来的一些东西贩卖出去,其真实目的是惦记着听众的钱口袋。

灵魂的"豆腐渣"工程 139

有人在传播"病毒" 145

"全民娱乐化"很流行 148

第七章　用人之诚

胜任力模型是把纸剪子

如果识人者自身居心不正,不能出以公心,那么有多少识人的理论和模型都没用。或者说,这些胜任力模型对于他们就是一把纸剪子——看起来非常锋利,似乎可以裁剪一切,遗憾的是,它是纸做的,一点用处都没有。

欲知人,先正心 155

莫让"能力"迷住你双眼 161

用"六正""六邪"考核干部 166

"三严三实"是把硬尺子 172

近君子,远小人 176

第八章　功名之诫
淡泊明志最养生

　　人最宝贵的莫过于自由，失去了自由就等于失去了生活。种菜虽然辛苦一些，但可以凭借自己的劳动获得生存所需的资料。如果心欲不多，更可以其乐无穷，享受着大自然馈送的阳光、美景。如果进了牢房，这一切都不再拥有，自然失去了人生。

冀文林二姐的感叹　181

三十功名尘与土　187

康百万庄的启示　190

「序 言」
也说说"无欲则刚"

过去,写了一些有关领导与管理的书,都是讲作为一名管理者应该如何的。这次写的却是讲不应该如何的,姑且叫作《为官之诫》吧。写下这个题目后,心中多少有些忐忑。因为按照常理,所谓"诫",都得由领导的领导来写才是,而"臣本布衣",让一个平头百姓来告诫"父母官",似有不知天高地厚之嫌。不过话又说回来,咱还是有资格说的。有这样一句歌词:"天地之间有杆秤,那秤砣就是老百姓。"世间的事,不正是这样吗?

话说近一年来,在党中央雷霆万钧的反腐风暴中,一批大小"老虎""苍蝇""硕鼠"纷纷落网进笼。当一双双罪恶之手被牢牢捉住的时候,他们那曾经辉煌或还将继续辉煌的政治生命就此戛然而止,这些往日的人中之"龙",也就被永远地钉在了历史的耻辱柱上。百姓们额手相庆,庆幸我们的党以前所未有的决心,清除了自己躯体上的一颗颗"毒瘤"。庆幸之余,许多人都像我一样在反思:这些"毒瘤"是怎样由一个原本正常的细胞转化为"癌细胞",并恶变为"恶性肿瘤"的?除了机制环境的外因外,应该说内因是不可忽视的主要因素。所谓内因,指的是那些隐藏在人们内心深处的各种贪欲邪念。这些东西被聚焦放大后,就变成了烈焰浊浪,烧毁了一个个锦绣般的前程,吞噬了一条条鲜活的生命,摧毁了一个个幸福的家庭。更为严重的是,他们同时也给党和人民的事业造成了难以挽回的损失。

掐指算来,改革开放已经三十六年了。子曰:"三十而立,四十而不惑。"在改革事业接近不惑之龄时,其实我们每个人都要认真反思一下这几十年的历程了。应该说,改革开放极大地解放了生产力,释放出巨大的正能量。但任何政策都有其两面性,当正能量被释放出来的同时,那些隐藏在潘多拉盒子里的各种邪恶,也如魔鬼一样乘机钻了出来。它们犹如毒罂粟一样,披着改革的美丽外衣,开始蛊惑人心,并冲击着道德和法律的堤坝。这些见不得人的劣根性被"正式化",并被巨量放大,逐渐演化为横流的物欲,变成了作恶人间的巨魔。正如一些心理学家所分析的:时下,有不少人就是生活在各种欲望和欲望得不到满足的痛苦当中。这就是佛教里常说的"心魔"。

人心是大的,人的欲望是无止境的,正所谓"人心不足蛇吞象"。有句广告词说得好:"心有多大,舞台就有多大。"殊不知,这个舞台是有规矩的。人作为一种社会化的动物,其欲望按层次划分,便有了马斯洛的需求层次理论；按道德划分，便有了弗洛伊德的"本我、自我、超我"之说。所谓"本我"，指的是人如果活在最低级、最原始的本能当中，没有社会的约束，那与动物无异。每个人都有欲望，但这些欲望一旦越界，便成了恶。为了防恶，道家主张"淡泊人生"，儒家主张"欲而不贪"，也就是必须对个人那些不符合社会基本道德规范的欲望加以约束。这就是我们常说的"君子爱财，取之有道"。这个"道"在道家来讲就是规律，在儒家来讲就是道德规范。其实，细想起来也都一样，坏了道德，自然就毁了规律，那就只能自取其咎了。所以，为了社会的长治久安，人们在长期的社会实践中约定俗成地形成了不同的行业规范和职业道德，就官员来讲就是"官德"。

　　自古以来，统治者尤其重视"官德"的养成，因为它影响着社会的风气，关系着政权的存亡。历史上的兴盛时期，最高统治者都要和臣下讨论前朝灭亡之因，如唐太宗李世民；并且谆谆告诫子孙和臣下为官之道，甚至定下各种训令，如明太祖朱元璋。理学家们也跑出来凑热闹，嚷嚷"存天理，灭人欲"。其实，"人欲"是不能彻底灭除的。随着社会的发展，科技的进步，人们的要求会越来越多，这就要不断满足人民不断增长的需求。不过，要满足这些需求，千万别坏了天理，没了良心。

　　作为一名官员，尤其是一名共产党的领导干部，更是要以身作则，按照客观规律办事，洁身自好。有不少东西，看起来是诱人的，一旦对其起了贪念，便毁了一生。比如，钱是个好东西，但当了领导千万别贪，否则就违背了党的宗旨；比如，美色固然诱人，但千万别说什么"宁在花下死，做鬼也风流"，因为那是流氓。一个人一旦有了这些贪念，心里就虚了。

之前我写了一本书，名字叫《领导的底气》，总觉得有些东西还没有说透。作为一名领导，怎么着才能有底气呢？技能？魄力？上面有人？这些都不是根本。还是古人说得好："无欲则刚。"我们共产党员是没有什么私利可追求的，所以才无所畏惧。这就叫"心底无私天地宽"。唯有"无欲"才能接地气，才能聚人气，才能有豪气。

随着反腐斗争的深入，据说有些官员"抑郁"了。我们不排除一些人由于工作压力比较大，导致了心理疾病。但是老百姓们并不傻，怎么你早不抑郁，晚不抑郁，偏偏在这时候"抑郁"了呢？而且还跳楼了、割腕了，晚节不保，不能善终了。人生有什么过不去的坎儿，连命都不要了。说来归去，还是心里有了"魔"，有了鬼，有道是：不做亏心事，不怕鬼叫门。他们有没有鬼呢？俗话讲：鬼才知道，因为他们已然成了鬼。那么还有谁知道呢？天知，地知，党知，人民知。

不管是儒家的"知止而后有定，定而后能静，静而后能安，安而后能虑，虑而后能得"，还是佛家的"戒定慧"三学，其实都在说一件事："知止"的戒，才是一切修为和善果的根本。而这种"知止"需要毅力和勇气，更需要智慧。虽然官员的"人欲"不能彻底灭除，但要戒掉内心深处的各种"魔鬼"，"有所为"于实现人民对美好生活的向往，"有所不为"于追逐各种私欲邪念。只有这样，才会做到真正有底气，在这片丰美的中华大地上安身立命、善始善终，做一个无愧于天地，无愧于党，无愧于人民，无愧于子孙后代的官员。

这就是我所理解的《为官之诫》。

第一章
发展之诫
功成不必在我

只在乎生产总值增长率，而对全面工作、对自身发展中的突出矛盾不在乎。部分官员为什么纠结于"小我"？根本上就在一个"私"字，还是没解决好世界观、人生观、价值观这个"总开关"问题。

盛世离"和谐"有多远

自从1978年改革开放以来,我们已经走过了三十六年的光辉历程。古人云"三十而立,四十而不惑",三十多年的改革从"而立"走向"不惑",也到了需要清醒总结一下的时候。

高速发展,矛盾多发

回顾三十六年来的改革开放,我们不否认取得了辉煌的成就:人们的生活水平大幅度提高,中国的综合国力跃居全球第二,等等。但是,由于改革处在探索期,自然会走一些弯路。在迅速的发展中,我们在认识上出现了一些误区,同时遇到了不少前所未有的问题。如果用一句话来形容当今的形势就是:经济高速发展,矛盾问题突出。比如,在激活市场经济的过程中,出现了不少无序、失控,乃至无政府主义的现象。而唯GDP(国内生产总值)的考核方式带来了上至官员、下至平民的全民式急功近利。尤其是一些地方政府和行业为了单纯追求经济指标,在市场经济大潮中不作为,甚至乱作为。更有一些官员打着改革的旗号,行一己之私,走上了贪腐的邪路,乃至形成了各种的利益集团。这完全违背了改革的初衷,更抹黑了改革。

与此同时，思想解放带来了思维活跃，利益群体的多元化带来了价值观的多元化。这自然是符合历史潮流的，而在这个过程中，有些人却忘记了党的宗旨，让拜金主义淹没了主流思想，导致人们的信仰危机，以及社会的诚信缺失。

归纳起来，这些问题可以归结为五大危机，**即人与自然的冲突、人与社会的冲突、人与人的冲突、人的心灵的冲突，以及不同文明之间的冲突。**

君不见为了追求片面发展，人们在破坏着自己和子孙赖以生存的环境，一盆盆祖宗留下来的净水已浑浊不堪，空气污染日益严重，西方工业革命给环境带来破坏的历史在中国大地上重演。某些靠能源起来的城市，曾经何等富得流油，他们上吃老祖宗的遗产，下毁子孙后代的环境，结果导致"其兴也勃焉，其亡也忽焉"的结局。甚至有个小城市的官员竟然喊出了这样的口号："我宁可把这个城污染了，也要把GDP搞上去！"这种竭泽而渔的做法何等荒唐，它完全违背了老祖宗"天人合一"的观点。殊不知，你不尊重大自然，肯定要受到自然的惩罚。

再比如，由于种种原因，某些地方社会矛盾激化，导致少数人出现了反社会心理，有的人甚至铤而走险，用暴恐的方式报复社会。这虽属个别，但已经对整个社会安定构成了严重威胁。现代社会，人与人之间的交往增多，彼此之间的防范与争斗也随之加剧。有心理学家分析，由于竞争激烈，各种压力增大，现在2/3的男人有攻击性心理或行为。也许这个断语有些夸张，但现在人们的火气绝对比过去大多了。

路上常会看到，两个人一言不合，便拳脚相加。更有甚者，会拔刀相向，做出令自己遗恨终生的蠢事。于是，一些以前没出现过的现象和术语也相继出现，如"激情式犯罪"。还有所谓的"路怒症"，这个症状连医生似乎都难以解释到底是心理病还是生理病，而且这个病的症状现在又有所加重，发展成了"空怒症"——由马路上打到了飞机上。

以上种种矛盾和冲突，其实都是来自人们内心的无穷矛盾。有专家讲，现在的不少人就是生活在欲望和欲望得不到满足的痛苦当中。一位美籍华人回归故土后，希望寻根的他却失望地评价自己的同胞现在是"四躁"：浮躁、急躁、烦躁，最终导致暴躁。

记得北大老校长蔡元培先生曾经非常忧虑地说过一句话，叫作"杀君马者，道旁儿也"，意思是说杀你马的人是路边的小孩儿。为什么呢？因为你骑着马跑得非常快，路边的旁观者使劲为你加油喝彩，结果你越跑越快，最终把自己的马累死了。眼下不少人就是在别人的喝彩声中被"忽悠死"的。所以，蔡元培先生引用了一句陶渊明的话来警戒世人——勿形为心所役,也就是身体别当了欲望的奴隶。遗憾的是,今天不少人整天自己和自己过不去,仍然"形为心所役",处在前所未有的苦闷、焦虑与空虚当中。还有就是不同背景的人们之间的文化冲突,造成了相互之间的代沟、误解与指责。

客观地讲,这些冲突在西方发展的进程中也出现过,有人把它称作"现代社会病"。但我们不能把曾经出现过作为现在仍然合理的理由,而应该尽量避免或缩短这种由于现代化而带来的"阵痛"。

大并不等于和谐

国家犹如一个人,经过三十多年的发展,我们由羸弱变成了一个巨人。但是谁都明白,大并不等于强。最近在"中国梦"的感召下,不少行业都提出了"××强国"的口号,可见不少人都在寻找"求强"之路。应该说,没有量就没有质,但是量并不等于质。而且当一个人个头大了之后,各种过去没有得过的富贵病也随之而来,诸如"三高",即高血压、高血脂、高血糖等成了今人谈之色变的病症。

其实,这些人得的病现在社会都有:由于营养增加,我们的身体非但没有强壮,反而长了一身赘肉,并导致血压增高、头脑发昏,于是出现了不少严重的决策失误;由于血脂增高,导致血管出现不少血栓,血栓的结果就是中间梗阻,甭管是心梗还是脑梗,都是要命的病。曾有中央领导感叹"政令出不了中南海",就是典型的"血栓"。而高血糖则带来严重的资源浪费——吃多少排泄多少。当今的重复建设、形象工程，应该说浪费惊人。

什么叫强？简单来说，就是不仅个头要大，还得有力量，不能只长一身赘肉，而应是硬邦邦的腱子肉，别一挤都是泡沫；而且要长得匀称，也就是经济结构发展要合理，政治体制要顺畅。说实话，一个靠楼市拉动的经济是危险的，一个东西部发展不均衡的国家犹如一架"配载不平衡"的飞机，是会翻个儿的。

正是在这种背景下，2005年以来，中国共产党提出将"和谐社会"作为执政的战略任务，"和谐"的理念要成为建设"中国特色的社会主义"过程中的价值取向。"民主法治、公平正义、诚信友爱、充满活力、安定有序、人与自然和谐相处"是和谐社会的主要内容。如果我们换一个通俗的解释，和谐是我们老祖宗不懈的追求，用今天的话来讲就是要解决人民不断增长的物质需求和精神需求。

"和谐"这两个字的构成也恰恰反映了这两点。

我们看一下"和"字的组成：左边一个禾苗的"禾"字，右边一个"口"字，表示每个人都应该有饭吃。再看看"谐"字的组成：左边是个"言"字，右边是个"皆"字，表示每个人都能说话。可能有人会说，现在这么民主，每个人都能说话呀。的确是这样，但那并不等于"谐"。我们再看看"皆"字的组成：上面是一个"比"字，下面是一个"白"字，"比"在《易经》中是一卦，即比卦，它表示大家朝一个方向前进，这就是

我们老祖宗最早的目标管理。把这三部分组合起来,也就是说大家要讲方向一致的话,这才叫"谐"。

说实话,我们现在离"和谐"还有一大段距离。

该"向身体学管理"了

前面反复谈到,一个国家或组织犹如一个人,也是一个生命有机体,所以我写下"向身体学管理"这个题目。

人类科技史上的许多发明其实都是受动物的各种特征启发而产生灵感的,后来大家管这些发明叫作"仿生学"。管理何尝不是如此?人体的结构、运行原理及病理,和一个社会组织乃至整个社会何其相似。于是,我大胆提出一个名词:管理仿生学。

这绝对不是今人的发明。翻开《黄帝内经》会看到,先人早已对身体各部位的功能做了形象定位:"心者,君主之官;肺者,相傅之官;肝者,将军之官;……脾胃者,仓廪之官;大肠者,传道之官;小肠者,受盛之官;肾者,作强之官;……膀胱者,州都之官。"读到这里,我不得不佩服老祖宗的高明,人家在两千多年前就已经把五脏六腑和政府部门一一对应起来了。固然他们当时是为了解释身体各部位的功能,那我们今天为什么不能反过来用身体来形容、比对、参照一个组织机构甚至社会呢?

谁都不会否认,人的身体经过几千万年的进化,已经是一个最科学最精细的组织机构,它比我们现在的很多机构远远科学得多。从最简单的现象来说:第一,人的身上的"零部件"都长得那么是地方,该长哪儿长哪儿。再看看咱们自己的社会组织和一些政府机构,里面的各个零部件有没有长歪的?第二,人身上没有多余的"零部件"。有人讲:有。什么呢?阑尾,后来我请教了一下医学专家,阑尾也有用。咱们再看看组织里有没有多余的机构或人员?绝对有。比如什么"西瓜办""馒头办"这样的机构。第三,人的各个部位职责分明,各司其职,就像《黄帝内经》里描述的。哪怕就是两条腿在行动时也是有先有后,而在当今的组织里有没有职责交叉、缺位、越位的现象?第四,人体各部位虽然职责分明,但又相互配合,而且配合得非常默契,如"肝胆相照""表里如一"。可是我们再看看社会上的不少机构,有多少推诿扯皮的现象?

除了以上几点,我们的身体还有一个极为可贵的特点——这要从我的一个老朋友的经历讲起。老人家今年七十多岁了,不幸罹患胃癌,把胃切除了。可是老先生现在依然满面红光、吃嘛嘛香。这当然首先取决于现代医学的发达。但我仍然纳闷,于是向他请教:"您老人家没胃了,怎么消化食物呢?"他神秘地笑了一下说:"这你就不懂了

吧？别看我没胃了，但是小肠的前端起了胃的作用，帮助我消化吸收。"听完这话我突然悟到：这不就是管理当中的"补位"吗？也就是说，当组织里面的哪个岗缺位时，另外一个岗应该自动补上来，管理学中不是都强调这一点吗？可说归说，现在的企业、政府组织里当一个岗缺位时，有几个人会自动补上来？说句不好听的，不幸灾乐祸就算不错了，有不少组织机构甚至死在了内耗上。

我们还可以说得再具体一点：企业组织里的系统，在人身上都能找到对应的"部门"。比如，头相当于决策者，而五官相当于市场系统，神经系统像不像组织里的信息传递系统？心血管的作用就是能源系统；至于消化系统，则属于原材料供应部门；手脚四肢就相当于生产一线了。在身体中还有一个非常有意思的免疫系统，我把它称作"纪委监察"或"安全检查系统"，一旦发现癌细胞，它马上全力以赴进行灭杀。不信，我们看看那些得了癌症的人都和免疫系统失灵有关系。

打个比方，一个小区里如果保安尽职尽责，或者一个部门里的纪委敢于监管，那么小偷和各种坏人、贪官污吏（他们就是癌细胞）便不会得逞。相反，如果保安、纪委不负责任或渎职，坏人立刻泛滥、肆虐，那就成了癌细胞扩散。

下面再讲讲人的身体与团队的关系。现在到处都在讲打造团队，可现实中有多少是真团队？有人把团队说得神乎其神，而我对团队的定义非常简单，只有两条：第一是目标一致，第二是少了谁也不行。两条缺一不可。用这两个标准来判断，我们的身体就是一个最好的团队。人体作为一个整体，在宏观上已经没有继续分割的可能，一个人身上的每一个器官、每一个细胞，以及这个人的每一个行动，都目标一致。总体来说都是为这个人谋求利益的，但身上的零部件谁也不能只强调自己最重要，而是少了谁也不行。因为一旦把它们分割开来，就只能算是一堆肉。

最后再从中医的角度分析一下。中国的哲学讲究阴阳，也就是常说的"一阴一阳之谓道""孤阴不生，孤阳不长"。世界上的万事万物都要讲究阴阳平衡，用到身体上同样如此。我们讲一个人身体好就是"阴阳平衡"，如果得了病肯定是"阴阳失衡"了。而我们每天做保健、养生即"维持平衡"，一旦得了病去调理就是为了"恢复平衡"。这十六个字处处与"平衡"二字密切相关，可见在管理当中，平衡是多么重要。遗憾的是，我们在经济建设当中，在组织运行当中，有多少不平衡的现象？失衡则乱，无序更乱，至于相关部门不作为或乱作为，则直接导致机体的溃烂。

总之，我讲了这么多年的管理，有一个感想：现在讲管理的书可谓汗牛充栋，"向××学管理"的介绍也数不胜数，吹得也神乎其神，其实最好的组织机构就是我们的身体，最精细化的管理就是我们身体的运行，包括病理及治疗的道理也都是相通的，所以古人说的没错："上

医治国。"

这就是我想说的——向身体学管理。当然,写到这里也不敢再多写了,因为自己毕竟不懂医学,说多了肯定捉襟见肘,我仅仅是说这么个理儿,当个引子。盼望有这方面兴趣的相关专家能把管理和身体联系起来细细分析、科学比较,以多角度看待管理。

实现平衡,还需"乾坤大智慧"

最近几年,随着国学的普及,五经之首的《易经》越来越受到人们的关注,各种解读也层出不穷,但我还是更倾向于从哲学角度来解读它。

马和牛要绑在一起

《易经》六十四卦,我们的祖先之所以把乾、坤两卦放在最前面,是有其道理的。大家都知道:乾代表天,坤代表地,正所谓"天地位焉,万物育焉",意思是说:没有天地也就根本没有万物,这里面当然包括人类。关于乾坤,还有两句大家耳熟能详的话,叫作"天行健,君子以自强不息;地势坤,君子以厚德载物"。这两句来自《象辞》,

是孔子对这两卦卦象的解释，后来成了某著名学府的校训，这是后话。其实，这两句话应该是我们中华民族的国训乃至国魂。伟大的中华民族，正是靠着这种生生不息的顽强精神，以及包容万物的博大胸怀而延续五千年的。

再进一步分析，这两卦之所以并列在一起，还透着先民的辩证思维：古人常常用马来形容乾卦，用牛来形容坤卦。这两种动物的特点非常明显：马的最大特点是奔跑速度快，因此我们要学习马的速度和效率；可光有速度也不行，还要向牛学习，牛虽然速度慢，但步履稳健，一步一个脚印，把二者相结合体现了我们老祖宗的智慧。可以说，这就是我们老祖宗的"科学发展观"吧：乾卦代表了"发展"，坤卦要求我们做事要稳扎稳打，这就是"科学"。

工作当中，只有向马和牛学习，二者兼顾才能快速而稳健地前进，少一个都不行。遗憾的是，这些年我们更多抓了速度，但跑得有些步履蹒跚，所以才有了今天的"调结构，稳增长"的说法。而如何把握好二者的辩证关系，实在是一门大学问。也就是说，如何把握好二者之间的"度"，成了考验我们党和各级政府的一道难题。

再看"中庸"之道

关于这个解题方法，儒家给了我们一个最好的答案，那就是"中庸"。中庸这个词，由于历次政治运动的影响，曾经被批得一塌糊涂，成了"抹稀泥"和不讲原则的代名词,成了折中和平庸。其实,这恰恰歪曲了孔子的本意。

关于中庸,孔子这样解释:"喜怒哀乐之未发谓之中,发而皆中节谓之和。""庸者,用也",中庸也就是"用中"的意思。在这里,孔子再清楚不过地告诉我们,做什么事都必须把握一个"度",一旦失宜,就"过犹不及"。

其实,这个中庸也不算儒家的发明。参观故宫时,我们会看到中和殿里一块匾上写着的四个大字"允执厥中"。很多人可能不知道其中的深刻内涵,这句话实际上最早记载于《尚书·大禹谟》,共十六个字,"人心惟危,道心惟微;惟精惟一,允执厥中"。直译的意思是:人心难易其诡,道心难得其真,求真总须精纯专一,治世贵在守中固善。这十六个字被称作是中国管理的十六字心传。在《易经》中也不断强调这一思想。用现在的话来讲就是,无论我们做什么事情都要把握好分寸。

讲到这里,不禁想起毛泽东同志在新中国成立后发表的一篇名著《论十大关系》。这十大关系应如何处理,毛泽东有非常深刻的见地。

在重工业和轻工业、农业的关系问题上,要用多发展一些农业、轻工业的办法来发展重工业。

在沿海工业和内地工业的关系问题上,要充分利用和发展沿海的工业基地，以便更有力量来发展和支持内地工业。

在经济建设和国防建设的关系问题上，在强调加强国防建设的重要性同时，提出把军政费用降到一个适当的比例，增加经济建设费用。只有把经济建设发展得更快了，国防建设才能够有更大的进步。

在国家、生产单位和生产者个人的关系问题上，三者的利益必须兼顾，不能只顾一头，既要提倡艰苦奋斗，又要关心群众生活。

在中央和地方的关系问题上，要在巩固中央统一领导的前提下，扩大地方的权力（即权力下放给地方）。让地方办更多的事情，发挥中央和地方两个积极性。

在汉族与少数民族的关系问题上，要着重反对大汉族主义，也要反对地方民族主义，要诚心诚意地积极帮助少数民族发展经济建设和文化建设。

在党和非党的关系问题上，共产党和民主党派要长期共存，互相监督。

在革命和反革命的关系问题上，必须分清敌我，化消极因素为积极因素。

在是非关系问题上，对犯错误的同志要实行"惩前毖后，治病救人"的方针，要帮助他们改正错误，允许他们继续革命。

在中国和外国的关系问题上,要学习一切民族、一切国家的长处,包括资本主义国家先进的科学技术和科学管理方法,要反对不加分析地一概排斥或一概照搬。

今天我们再重温老人家的教诲,不得不佩服他的远见卓识,不能不感叹其中的一些见地对我们今天的建设仍有着极强的现实意义和指导作用。而我们在改革与工作当中出现的一些失误,与没有把握好其中某些关键要素,特别是没有把握好"度"有直接的关系。

不贪一时之功,不图一时之名

坦率地说,很多干部对这些道理并非不明白,只是错误的政绩观迷住了他们的双眼。

前不久,有媒体做了一期"中国水环境污染"的调查报道,一位官员在受访时的一段言论引发了舆论围观。全国工商联环境商会秘书长骆建华在一个沿海地区经济发达城市调研时,听到一位市长这样说:"地下铺了管网,把几百亿埋在地下,老百姓也看不见,我怎么能干这个事儿呢!"可大家都明白,水污染治理,是政府的重要职责。应该说，这位市长说了一句"大实话"。就是这句大实话，引发了网上如潮水一般的质疑。虽然新闻中没有点名，但这样的思维，现实中还是有一定代表性的。不过，仅仅因为"老百姓看不见"，就不愿意"干这个事儿"，未免太过短视。

地下管网究竟有多重要，该不该"把几百亿埋在地下"，只要看一看每到雨季，很多城市纷纷"看海"的景观即可明了。至于时下国内很多地方"有水皆污"的恶劣水环境，同样是治理不力所致。这边厢，生态环境千疮百孔，已经严重影响到民众的生命健康；那边厢，市长却还在为花了钱无人看见而纠结。这显然是一种典型的重地上、轻地下的"面子政绩观"。

我们到底需要什么样的政绩观

曾几何时，政绩工程和形象设计成了不少官员的最爱。为了在任期内出成绩，很多官员不惜在城乡大拆大建。于是乎，一座座高楼拔地而起，一张张华而不实的所谓"城市名片"被设计打造出来。这其中，某些所谓的专家或咨询师也起到了推波助澜的恶劣作用。

我们不会忘记，曾经有专家为了迎合地方官员的喜好，建议花几百亿打造一个所谓的中华文化城。虽然这件事被否决并被传为笑柄，但是我们的确看到很多地方为了局部眼前利益，拆掉了几百上千年的遗产，然后建造出一些不伦不类的所谓"仿古一条街"，这不是典型的"拆了真品盖赝品"吗？结果在"拆声一片"中出现的是"千城一面"，很多城市不仅失去了特色，而且劳民伤财，令众多有识之士唏嘘不已。

为了所谓政绩，不少地方官员大搞征地经济，严重伤害了老百姓的根本利益，导致矛盾激化；还有的官员明知污染，但是考虑到经济效益，不顾百姓反对，强行上马一些污染项目，或者搞什么献礼工程，在"功在当代，利在千秋"的旗号下，以牺牲安全质量换取速度，贻害无穷。这些行为的背后，都和唯 GDP 的考核方式有着密切的关系。

有专家指出，中国政府主导建设的社会主义市场经济在经济领域取得了巨大的成就，国家各项经济指标和在世界的经济排名节节攀升。然而，这种高速的经济增长也带来了贫富分化、物价房价高涨和环境污染等各种负面问题，给国家的稳定和可持续发展带来严峻挑战。在探析造成这些问题的原因时，一些观察人士把主因归结为中国官场形成的盲目追求地方经济发展的 GDP 主义文化。在这样的文化主导下，各级官员都陷入了盲目追求各类经济指标的竞赛之中。

"上有所好，下必甚焉。"可以说，有什么样的考核，就会随之引导官员有什么样的行为。因为对这些指标完成情况的考核，直接影响官员的提拔和升迁。不可否认，GDP 主义在推动中国政府转型和发展经济方面，曾经起到了相当大的作用。但物极必反，由于中国经济发展已经过了急于起飞、片面追求速度的发展阶段，如果任其继续主导中国政治的运行规则，前面谈到的各种问题将会不断恶化，最终可能带来灾难性后果。

尽管有识之士早在十多年前就已看到GDP主义的副作用，并大声疾呼进行改变，而且上一届领导人所提出的"和谐社会"和"科学发展观"理念，也包含想要改变GDP主义的因素。但由于受到国际新自由主义思潮的影响，和国内既得利益的干扰，GDP主义文化不仅没有被2008年世界金融危机所打断，反而有所强化，并由一种官场文化逐渐扩散为全民文化，职业道德、社会道德、法律规则和人际关怀都让位于对经济利益的疯狂追逐。

我们常常嘱咐干部，为官一任要造福一方，也就是说作为官员必须要有政绩，否则就是"庸官"。但我们究竟需要什么样的政绩？是追求一任之功、眼前之利，还是造福子孙、利在千秋？这确实是一个困惑不少官员的大命题。

根本上就在一个"私"字

习近平总书记讲，"想要干事、想出政绩是对的，但不能为了出政绩都要自己另搞一套，换一届领导就兜底翻，三天打鱼两天晒网，那就什么事情也干不成。"我们党的事业既离不开改革，也离不开"接力"。所以领导干部履新，首先要处理好的，就是承前与启后、继往与开来的关系。既要烧好新作风的"三把火"，也要接好老班子、大课题的一张蓝图，绝不能让好的做法"人走茶凉"。前人的课要补，后人的路更要铺，只有谋好几任的事，才能干好一任的活。理想，就应该这样传承；事业，也只有这样才能延续。所以作为领导者，既要立足当前，更要着眼长远，甘做铺垫工作，甘抓未成之事。要树立正确的政绩观，要有"功成不必在我"的境界，"不贪一时之功，不图一时之名""一张蓝图绘到底""一茬接着一茬干"。

"功成不必在我"这句话出自胡适，他的原话是"成功不必在我，而功力必不唐捐"，其本意是成功不一定是"我"这个个体。还有一层意思，不管你的付出是对别人有好处，还是对自己有好处，要想成功，一定要付出努力，而你付出的努力，一定不会落空，一定会有回报的。虽然这个回报可能不只对"我"这个个体，还可能对其他人。总之，付出一定会有收获。

习总书记再提"功成不必在我"，应该说为这句话赋予了更为深刻的含义，体现了共产党员正确看待政绩的博大胸怀。也是亮出了一把"标准尺"，以匡正领导干部的政绩观。什么是"功成不必在我"？其一就是科学决策，敢抓"打基础，利长远"的工作，绘好自己和后任的一张蓝图；其二就是思想境界，敢抓未成之事，完成好前任留下的一张蓝图；其三应该防止急功近利和短期行为。总书记的这番话，语重心长、振聋发聩。对于解决我们工作中存在的急功近利倾向，具有重要的指导意义和现实意义。

时下，"朝令夕改"的现象，在社会生活中屡见不鲜。有的地方，一个将军一个令，一个和尚一本经；有的城市，一届班子一个做法，原来的目标尚未"变现"，新定的目标已经"占位"。

造成上述问题的原因，固然是多方面的。比如，"计划赶不上变化"，过去的思路已经不符合未来发展的需要；或者，旧的规划缺乏科学性、操作性，确实在实践中被证明了行不通，等等。但除此之外，"朝令夕改"还有一个重要原因，就是"一个将军一个号，各吹各的调"。有些干部，热衷于把工作贴上个人"标签"，认为追求"任期政绩"才是"算在自己头上"的政治资本，接续前任的规划岂不是"为他人作嫁衣裳"？基于这种思想，所以"新官上任"，为了体现自己的"与众不同"，喜欢刻意追求"开拓创新"。为此，不惜将从前的规划"清零"，进而另赋"新篇"、重起"炉灶"，以便凸显自己的能力和政绩。"领导一换，规划一变。"这种急功近利的错误做法，危害极大，不容小觑。

习近平总书记反复强调"功成不必在我"，就是在告诫全党上下必须牢固树立正确的政绩观，坚持以"小我"服从"大我"，真正处理好长远利益、根本利益和个人抱负、个人利益的关系。一些基础性工作往往周期长、见效慢，乃至需要几届班子的"接力"才能成功。然而，正是这些"看不出好儿"的隐性政绩，往往更能为老百姓谋福利。一个干部的任期是有限的，但党的事业是无穷的。

所以说，我们评判一个干部的好坏，不但要看他干出了多少成绩，更要看他付出了多少代价，绝不能一个人出政绩几代人背包袱。为什么一些领导干部乐于做立竿见影的工作,而对周期长、见效慢的工作往往不太积极呢?就是因为他们还没有一个"大我",只在乎生产总值增长率,而对全面工作、自身发展中的突出矛盾不在乎。部分官员为什么纠结于"小我"?根本上就在一个"私"字,还是没有解决好世界观、人生观、价值观这个"总开关"问题。

能不能"功成不必在我",党性起着决定作用。党性强,就能先公后私、公而忘私,就能诚心诚意为党和人民的事业奋斗,就能做一个光明正大、堂堂正正的"大我"。为此,各级领导干部既要有"前人栽树、后人乘凉"的胸襟,更要有"绳锯木断,水滴石穿"的恒心,必须坚持"一张蓝图抓到底",自始至终站在人民的角度思考问题、分析问题、解决问题。要立足当前、着眼长远,通过不断破解一个又一个难题,以"芝麻开花节节高"的生动局面,促进经济社会持续健康发展。

古往今来,干事创业必然少不了一种"接力棒"精神。因此,"萧规曹随"的做法,历来被传为美谈,一直为后人所效仿。而今天被重新提起的"焦裕禄"精神更是体现了这一点,他拖着多病之身,带领大家种植泡桐树还不是为了给后人留下一片绿洲。

这些事例,充分证明了一个道理:只有推动工作的延续,驰而不息、久久为功,才能实现既定的方针,夺取最终的胜利。一个立志为民的领导或领导集体,把这种理念施之于民,全民都会得到幸福。

读《长短经》，论辩证

如何处理好眼前利益和长远利益，实际上也反映了一个人的思维方式，为了进一步说明这个问题，我们这里不妨介绍一部古代奇书《长短经》。我推崇这部书，是因为它的内容处处闪耀着辩证思考的思想光辉。它虽无先秦诸子之书那样赫赫有名，但是作者善于总结历史经验，从正反两方面甚至多角度来分析成败得失，为我们今天的管理干部思考问题和制定政策拓宽了思路。

《长短经》的作者叫赵蕤，人们对他知之不多。赵蕤，四川省盐亭县人，约生于唐高宗显庆四年（公元659年），卒于唐玄宗天宝元年（公元742年）。他是唐朝由极盛走向衰落的历史见证人。赵蕤读百家书，博于韬略，长于经世，却又淡泊功名，一生隐居不仕，从事著述，《长短经》就是他的代表作。《长短经》成书于开元四年（公元716年），共九卷64篇，集儒家、道家、法家、兵家、杂家和阴阳家思想之大成，是难得的谋略全书。

《长短经》的"长短"，就是取长补短、扬长避短、正反相生之意。赵蕤说，"不知人之长短，不知国之长短，不知事之长短，不知战之长短"就不能"齐家、治国、平天下"。这句话给今人的启示就是：我们在做出一项决定或制定一个政策时，一定要考虑到长远利益和眼前利益的辩证关系，摆脱传统的思维定式和单向思维，提倡开拓性思维，从多角度、多层次、全方位地看待事物，独立辩证地去思考问题。

因此,作者在分析问题时体现了朴素的辩证法。他认为"天地变化,必由阴阳",他说"阳必有阴,静必有动"。任何事物都有矛盾对立的两面。说穿了,我们每做一件事,小到生活,大到政府决策,都会权衡这件事是符合眼前利益,还是符合长远利益?这就是"长"和"短"的关系。一般来说,百姓,尤其是部分农民,是非常现实的,他们不可能有那么长远的眼光,但作为官员,可不能小农意识作怪,为了眼前和局部利益而伤害和牺牲了长远利益。

众所周知,任何目标的实现,都有一个渐进过程,特别是经济社会等领域,很多工作的完成,绝非一朝一夕,往往要经过很长时间,才能最终看到结果。当前,改革已进入攻坚克难的关键阶段,许多事情都无法一蹴而就、立竿见影。这个时候,尤其需要我们沉下心来,锲而不舍、埋头苦干。特别是领导干部履新,务必要处理好承前与启后、继往与开来的关系,绝不能让好规划、好做法"人走茶凉"。只有"咬定青山不放松",充分形成持续发展的合力,才能一步一个脚印,实现全面建成小康社会的宏伟蓝图。

一言以蔽之,一旦眼前利益和长远利益发生冲突时,作为共产党的领导干部,必须高瞻远瞩,毫不犹豫地服从长远利益,局部利益服从全局利益。同时,还要教育我们的基层干部和群众,明白一个最起码的道理,那就是"人无远虑,必有近忧"。

从来打败我们的，不是别人

前面谈到的"唯 GDP 主义"的考核方式，除了引发官员的急功近利外，在这种考核后面还存在着重大的物质利益。很多情况下，这些利益需要通过贪腐方式转化为个体利益，才能给官员和其所在单位带来无穷尽的激励作用。从本质上讲，对权力监督的缺失导致了腐败的恶化，而恶化了的腐败又必将强化 GDP 主义。因为很多腐败行为，只有在片面追求经济发展的语境下，才能被正当化和常态化。

腐败会葬送一切

应该说最近这些年越来越严重的贪腐现象侵蚀着我们党的肌体，让党的形象受到了严重的影响，丢掉了不少民心，而严重的拜金主义则乱了民心。因此，这个"民心"现在到了不抓不行的时候了。假如不抓，不仅深化改革无法实现，还会使我们改革开放的成果丧失殆尽，甚至使我们面临亡党亡国的危险。

党的十八大以来，习近平同志和他的同事自从接过了历史的重任，就此也就揭开了全面深化改革这场大戏的序幕。为了实现全面深化改革的总目标，他们首先抓了两个举世瞩目且深得民心的工程：一是掀起了一场声势浩大又让人触目惊心的以反腐倡廉为主题的群众路线教育活动；二是培育和践行社会主义核心价值观。我认为党中央这是抓住了主要矛盾，一个叫"树民心"，一个叫"塑民心"。通过这两项活动充分释放正能量，为全面深化改革破局、开路。

但我们都明白，树民心和塑民心这两件事做起来谈何容易。这两个工程都相当复杂和艰巨。还是用身体打比方，为了身心健康，我们现在的反贪肃贪风暴犹如做一个大的外科手术，而且是我们党在自己为自己做手术，也就是要以壮士断腕、刮骨疗毒的方式，清除我们党身上的毒瘤。虽然这项运动得到了广大百姓的衷心拥护，却引起了不少贪腐集团强烈的抵制和反抗。因为这势必触犯他们的利益，既断了他们的财路，又要让他们把贪污的国家财产如数吐出来。所以有人用四个字来形容现在的形势，叫作：你死我活。这个大手术在激烈程度上不亚于一场革命，而且从历史的角度来看，改革常常比革命的难度要大得多。因为它需要兵不血刃地解决问题，同时可能要付出相当大的代价，所以需要领导者有极大的决心、胆识、魄力和智慧。也就是既要有决心，又要有政策和策略。

而第二个工程看似平和，实际上比前一个更难，因为它是一个重塑民心、重树信心的工程，我把它比喻为心理治疗。俗话讲，心病还得心药医，外伤好治，元气难复。世界上没有治疗心病的"速效救心丸"，只能一个疗程一个疗程地治。这是一个慢功，急不得，但又等不得，因为民心问题不解决，广大人民就会失去信心，会成为一盘散沙。

甲午海战的教训

一个国家硬件不行肯定落后，但民心散了更加可怕。殷鉴不远，习近平同志指出，"一提到边海防，就不禁想起了中国近代史"。中国近代史，就是一部屈辱史。在近代史上打得最窝囊的莫过于甲午海战了。2014年正好是甲午海战两个甲子，媒体上出现了大量论述这场战争的文章，人们从军事、政治等各方面进行反思。这里不想重复这些大家熟悉的观点，只想通过几个基本事实得出一个与传统观点不同的结论。

我们先看看双方军费投入。北洋水师从1861年筹建到1888年成军，27年间，清政府一共投入海军经费1亿两白银，每年合计300万两，占年度财政的4%~10%。日本政府从1868年到1894年3月，26年间共向海军拨款9亿日元，折合成白银才6000万两，每年合计白银230万两，相当于同期清政府对海军投入的60%。

然后再看看战前双方实力对比。北洋舰队的装甲数量和质量都超过了日本联合舰队。当时，北洋水师与联合舰队铁甲舰方面的数量比是6∶1，中国遥遥领先；非铁甲舰方面8∶9，日本略胜一筹。

就火炮而言，无论大口径火炮，还是小口径火炮，北洋舰队均占优势。200毫米以上大口径的火炮，北洋舰队与联合舰队的比例是

26∶11，我方遥遥领先；小口径火炮方面，北洋舰队与联合舰队的比例是 92∶50。只有中口径火炮方面，日本稍稍领先，双方比例是 209∶141。

从以上几个简单的对比，我们可以得出一个结论，清王朝海军的实力并不弱。那他们为什么败得如此惨呢？下面这个对比才是实质：就是双方的军风军纪形成极大反差。

稍有历史常识的人都知道，晚清的士兵被称作"双枪将"，整个军队军风败坏，弊端丛生。士兵"腰间皆斜插烟枪一支"，"平居烟酒淫赌，沉溺往返"，甚至管带也侧身其间，大敌当前而"逐声妓未归"，意思就是开战时官兵仍嫖妓未归。演习训练则虚应故事，用"演戏"的方式欺上瞒下。"平日操练炮靶、雷靶，惟船动而靶不动"；而日舰火炮命中率高出北洋舰队 9 倍以上。

更令人震惊的是，在黄海海战中，北洋海军发射的炮弹，有的弹药"实有土沙、煤灰""故弹中敌船而不能裂"。那些军事战略物资到哪里去了？答案再明确不过，都被各级军官贪污了。这样的军队即使设备再先进，打起仗来也是必输无疑的。

所以我不禁想修改一个大家重复了千百遍的观点："落后就要挨打。"这个观点是 1931 年斯大林在一次演说中提出的。他指出："打落后者、打弱者——这已经成了剥削者的规律。这就是资本主义弱肉强食的规律。"这个观点没有错，但一个国家为什么落后，那就是政府和军队腐败。是不是应该在"落后就要挨打"的后面再加上一句"腐败导致挨打"。如果说落后挨打后这个民族还可以雄起的话，那么因腐败引来外患的结局就是亡国。大家知道，就在那场想救亡图存而并不成功的戊戌变法之后没有几年，大清王朝就寿终正寝了。

劝君莫忘《过秦论》

腐败导致挨打，腐败导致亡国，这绝不是危言耸听。最近中央领导不断提起已逐渐被人遗忘的名篇《过秦论》。这是汉朝一位非常有政治见解的年轻儒生贾谊写的，是一篇惊醒世人，尤其是统治者的名篇。其中写道：

"鄙谚曰'前事之不忘，后事之师也'。是以君子为国，观之上古，验之当世，参之人事，察盛衰之理，审权势之宜，去就有序，变化因时，故旷日长久而社稷安矣。"

关于秦朝亡国的历史，唐朝诗人杜牧在《阿房宫赋》中也有一段著名论断：

"灭六国者六国也，非秦也。族秦者秦也，非天下也。嗟乎！使六国各爱其人，则足以拒秦；使秦复爱六国之人，则递三世可至万世

而为君,谁得而族灭也?秦人不暇自哀,而后人哀之;后人哀之而不鉴之,亦使后人而复哀后人也。"

这段话的意思浅显易懂,含义却非常深刻。如果我们不去反思自己的蠢行,那只能等着后人替我们反思了。所以还是列宁说得对:"堡垒最容易从内部攻破。"从来打败我们的,不是别人,正是我们自己。

第二章
改革之诚
从来改革非易事

改革变法其实都是要"言利"的,也就是要和经济打交道,和钱有关。一旦用人不淑,就会给那些小人以可乘之机,使之成为某些打着变法之名来营私舞弊,肥了私囊的新贵们翻云覆雨的工具。

托克维尔之问

大家知道，王岐山同志是一位非常爱读书的中央领导人，在一次中纪委座谈会上，他向与会专家推荐《旧制度与大革命》。于是这本沉寂了多年的外国著作由于他的推荐而迅速热销，乃至于无论是学界还是民间，都掀起了一股重读法国历史的风潮。

这本书是分析法国资产阶级大革命的，一个远在万里之外的国家，一场两百多年前的革命，为什么引起了我们这位中央高级领导人的关注呢？细读之下，我们渐渐就能体会到王岐山同志推荐这本书的良苦用心。

颓废的"末日心态"

《旧制度与大革命》一书的作者叫托克维尔，是一位著名的史论学者。该书成书于1856年，这本书并不是单纯地叙述这场两百多年前的大革命的，而是对这场革命爆发的背景及其后果进行了客观冷静的分析。

为了解这本书，我们不妨先简单回顾一下那场革命的背景。在历史书中，这场革命被称作是"西方的第三次资产阶级大革命"，第一

为官之诫

次是1640年的英国资产阶级革命，第二次是1775年的美国独立战争，而这场爆发于1789年的法国革命被称作"最彻底的一次革命"。它推翻的是法国近代史上最后一个封建王朝——波旁王朝，该王朝在国王路易十四时期曾走向了它的巅峰，因此路易十四又被称作是"太阳王"。但由于他穷兵黩武，也留下了许多阶级矛盾，国家盛极而衰。王位传到路易十四的曾孙路易十五时，国家由极度专制走向了极度的腐败。路易十五执政时期，路易十四后期留下的经济问题不但没有得到妥善解决，而且以他为代表的宫廷贵族们在生活上更加腐化糜烂。

值得一提的是，民间流传的那句"我死后，哪管洪水滔天"就是这位国王说的，也是他执政末期奢华暴虐的体现。但是，有人根据法文原文做了一下更正，说原文是"我们死后，将会洪水滔天"。而且据考证这句话其实也不是路易十五所说，而是他的情妇蓬巴杜夫人对他说的。我们姑且不管这句话到底是谁说的，或者是怎样说的，它起码反映了当时的统治阶级普遍存在的一种颓废的"末日心态"，也就是尽管及时行乐吧，至于死了以后是洪水滔天还是地球爆炸，都与我无关了。

注意，这两年通过纪委查出来的那些贪官，其心态和路易十五们何其相似。他们在冠冕堂皇背后做的那些丑事，以及说的那些心里话，无不反映了这些干部已经和几百年前的封建官僚们别无二致。

坚持，改革才有可能成功

我们还是接着说路易十五。此君和他的"伙伴们"穷奢极欲，把大量的精力放在对妇女的追求上，陷于声色犬马之中，完全置百姓生死于不顾，而且在1743年又参加了奥地利王位继承战争。结果七年战争失败，王朝彻底走向衰落，他也在这矛盾尖锐之际染天花而死。应该说，他的死对他来说真值得庆幸，因为这让他逃过了一劫。然而，这场逃不过的灾难轮到了他的继承者、倒霉的路易十六身上。

路易十六是路易十五的孙子，不少历史书把他和夫人玛丽·安托瓦内特描述为一对更为荒淫无耻的统治者。其实不然，法国著名历史学家米涅说："路易十六，以他的胸怀和品德来说，是最适合于他那个时代的。当人们对独断专制的政治体制不满时，他就自愿地放弃这种专制的做法；当人们对路易十五的荒淫挥霍感到愤恨时，他能够品行端方，生活俭朴。人们要求做一些必要的改革时，他也能够体察公众的需要并立意要给予满足。"

他头脑清楚，心地正直、善良，他曾有"激进改革家"或"忽然改革家"的名声，也就是说他曾试图改革，以挽救国家危亡。

按照托克维尔的说法，当时的法国社会是一盘散沙，人们互不关心，呈现出普遍的公共冷漠。特权阶层、上层精英阶层沉迷于金钱和享受，呈现出精神上的腐化与堕落。18世纪80年代法国陷入财政危机，国库空虚，债台高筑。当时法国一年的财政收入是多少呢？只有5亿

里佛，负债是财政收入的900%。宫廷大臣互相争权，社会矛盾尖锐，专制体制的暴政和不合理性自然引起了人们的种种不满和反抗。庞大的帝国受到了种种困扰，当时的情形可用四个字来形容，叫作"人心思乱"。

路易十六认识到现存的专制"旧制度"必须进行改革，改革的首要任务是要解决国家的财政危机。路易十六决意要借财政问题向贵族开刀了，同时对让人生厌、举国怨恨的"旧制度"进行改革。在政治上，他想利用现存的省议会的途径，扩大政治开放，让人民能够获得政治权利，参与国家的政治生活。这种改革，是前所未有的一项举动，关乎国家前途。

历史学家米涅指出："但是，改行仁政和继行暴政都是困难的，因为要改革，就要有力量使贵族特权阶级服从改革。在这一改革的过程中，路易十六缺乏坚强的意志，实际上只有这样的意志才能完成国家的重大变革。"

路易十六虽然头脑清楚，心地正直、善良，但性格不够坚定，在他的所作所为中缺乏坚持到底的精神。他的改革计划所遇到的阻力是他意想不到的，也是他未能加以克服的。路易十六优柔寡断的性格彻底坑了自己，也就是说他没有那种"壮士断腕、刮骨疗毒"的魄力，特权阶级对此不屑一顾，甚至坚决反对。

在走投无路的情况下，路易十六被迫召开多少年没有行使过权利的三级会议，贵族阶级拒绝合作，第三等级只好自己单独组成国民议会。革命眼看就要爆发，路易十六却暗中调派军队试图威胁第三等级，于是他又和第三等级展开了冲突。最终，人民群众在新兴中产阶级的带领下攻占巴士底狱，以此为标志，革命正式爆发。

正如一个君主因拒绝改革而遭到毁灭的结局那样，路易十六是由于尝试改革而毁灭的。具有讽刺意味的是，这个曾亲自参与了断头台设计的国王，自己最后也被送上了断头台。

繁荣如何加速了革命

据史学家分析，当时的法国在经济上仍处于欧洲前列，于是问题来了："路易十六时期是旧王朝最繁荣的时期，这种繁荣如何加速了革命？"这个问题就是著名的托克维尔之问。这也是我们每位读者需要认真思考的。

接着托克维尔自问自答道："对于一个坏政府来说，最危险的时刻通常就是它开始改革的时刻。"当封建制度的某些部分在法国已经废除时，人们对剩下的部分常常抱有百倍的仇恨，更加不能忍受，农民和领主、第三等级和特权阶级的矛盾越加尖锐。这就是为什么革命在法国比在欧洲其他国家更早爆发的主要原因。

而著名的文化学者南怀瑾先生在谈到这段史实时，得出了和托克维尔几乎一致的答案："路易十六明知危殆，始终没有大刀阔斧的改

革魄力,甚至还要矢上加尖。终至'金玉满堂,莫之能守。富贵而骄,自遗其咎'。"

故事讲到这里,大家可能已经明白王岐山同志推荐这本书的良苦用心了。尽管社会上对这本书有不同的解读,我们更无意为那个两百多年前的外国封建王朝唱挽歌,但有一点应该让大家惊醒,就是:当前中国与大革命前的法国都处于最繁荣的时期,物质财富的增加,催促了人们权利意识的觉醒和敏感,对特权、腐败、不公正的容忍度更低。

现在我们都认同全面深化改革,但怎么改?改革的顺序与力度怎么把握?这是我们每个人尤其当政者无法回避的。畏缩不前、半途而废可能会激起更大的动荡,而不讲究策略,一味追求激进的改革甚至革命,又有走向动荡混乱的危险,只能依靠审慎的进一步改革化解,决不可误入冒险激进的歧途。所以,笔者想重复前面讲的一个观点,改革有时比革命的难度还要大。因为革命是一个阶级推翻另一个阶级的暴烈行动,阵线分明,而改革则阵线模糊,会受到来自各方面的压力,有点像走钢丝,一不小心就会陷入两面夹击的困境当中。

从来改革非易事,它更加考验执政者的魄力和智慧。

商鞅变法为什么成功

今天叫改革,古代叫变法。有的叫"革命",比如商汤革命。历史上最有名的一次变法是大家比较熟悉的商鞅变法,但是看到上面的题目,很多人会感到奇怪,商鞅最后明明是被车裂而死,怎么说它是成功了呢?

我们承认,商鞅本人最后死于非命,而他的改革成果却被延续了下来,最终使秦国一跃成为七国中最强的国家。下面我们简单总结一下他的成功经验。在诸位法家代表人物中,商鞅重"法",有法必依,执法必严。据说商鞅为了推行他的改革,搞了一个"移木赏金"的演习。这是大家耳熟能详的历史故事。

为了赢得百姓信任,争取变法成功,商鞅在国都集市南门竖了一根三丈高的木头,招募能把它移到北门的人并允诺给他十金。这是件轻而易举的事,民众认为奇怪,没有一个敢去搬的。商鞅接着涨价了:"能搬的人给他五十金。"后来有一个人搬移了那根木头,商鞅就给了他五十金,以此表明自己不欺骗民众。

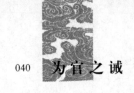

为官之诚

变法最终获得成功,也为秦国日后的强盛奠定了坚实基础。提到商鞅变法的内容,大家了解最多的应该是"废井田开阡陌"了,其实他变法当中另一项更重要的内容,是奖励耕战。古代的治国理政方针中有两种路线,一种叫"王道",意思是通过富国富民的仁政来解决内政外交,这主要是儒家的观点;另一种叫"霸道",意思是通过富国强兵来解决周遭问题,这主要是法家的观点。商鞅正是后者。如何实现富国强兵的目标呢?那就是奖励耕战。在农耕为主体的社会里,只有"耕"与"战"才是强国之路。

依靠谁,团结谁,打击谁

三年时间,秦孝公和商鞅在集中力量造势,为变法制造舆论;还有人说,这三年时间主要用来调研考察秦国现行制度,以确立可行性方案。这些说法都有合理之处。改革之前先造势,制造舆论,然后再调查研究,确定方案,最后进行变革。这种思路符合一般的逻辑。但是,也有学者指出,他们还做了一项更为重要的工作,那就是构建支持变法的群体,为变法奠定深厚的群众基础,也就是我们今天所说的"依靠谁,团结谁,打击谁"的问题。为了实现这一目的,商鞅首先打破原来的等级制,进行了重新划分,奖励军功,实行二十等爵制。

商鞅下令"有军功者,各以率受上爵,为私斗争,各以轻重被刑",

说通俗点就是鼓励大家上战场杀敌,如果在街上打群架,则要严厉惩罚。用这种方法奖励军功,禁止私斗。而且,规定爵位依军功授予,宗室非有军功不得列入公族簿籍,即"有功者显荣,无功者虽富无所荣华"。也就是说,有功劳的贵族子弟,可享受荣华富贵;无功劳的,虽家富,不得铺张,依军功大小定贵族身份之高低。这一规定无疑打击了奴隶主旧贵族,因而招致他们的怨恨。《史记·商君列传》记载:"商君相秦十年,宗室贵戚多怨望。"

　　制定二十级爵的做法,意味着商鞅彻底废除了原有的世卿世禄制,此后将根据军功大小授予爵位,官吏从有军功爵的人中选拔。这二十级爵:一级曰公士,二级曰上造,……十九级曰关内侯,二十级曰彻侯。据班固《汉书》记载:"商君为法于秦,战斩一首赐爵一级,欲为官者五十石。"这也说明了奖励的做法:将卒在战争中斩敌人首级一个,授爵一级,可担任五十石之官。以此类推,斩敌首二个,授爵二级,可担任百石之官。各级爵位均规定了占田宅、奴婢的数量标准和衣服等次。

　　所谓私斗,并不是指一般人打架,而是指"邑斗"。"邑"是指一般的城镇,被奴隶主所占有。奴隶主之间为了争夺土地、财产,经常发生争斗。新法规定不准私斗,目的在于削弱奴隶主的势力,加强封建中央集权。严惩私斗的做法是:为私斗者,各以情节轻重,处以刑罚。

　　由于推崇战功,秦国军队的战斗力大大增强。在对外战争中,秦

国国力进一步增强,扭转了长期以来被动落后的局面。秦孝公与魏惠王在杜平相会,也结束了秦国长期不与中原诸侯会盟的被动局面,提高了秦国的地位。秦国还用武力逐步占有了土地肥沃、农业发展水平较高的巴蜀地区和盛产牛马的西北地区,社会生产得到迅速发展,从而为秦国统一全国奠定了物质基础。

商鞅推行重农抑商的政策。新法规定,生产粮食和布帛多的,可免除本人劳役和赋税,以农业为"本业",以商业为"末业"。因弃本求末,或游手好闲而贫穷者,全家罚为官奴。商鞅还招募无地农民到秦国开荒。为鼓励小农经济,还规定凡一户有两个儿子的,儿子到了成人年龄必须分家,独立谋生,否则要出双倍赋税。禁止父子兄弟(成年者)同室居住,推行小家庭政策。这些政策有利于增殖人口、征发徭役和户口税,发展封建经济。

把权力收到改革派的手中

当然,历史上任何一次变法维新,都不仅仅是一种治国方略的重新选择,而且是一种利益关系的重新调整。这也是改革会遭遇阻力的真正原因。

商鞅废除井田、奖励耕战等改革措施触犯了贵族阶层对土地和官职具有的垄断特权,因而遭到以太子为首的既得利益集团的强烈反对。但商鞅并没有被这些有权有势的人吓倒,他认为法律的制定,并不只是用来制裁老百姓的，自古"法之不行，自上犯之"。新法在民间施行了整一年，秦国老百姓到国都说新法不方便的人数以千计。这时，太子触犯了新法。商鞅说："新法不能顺利推行,是因为上层人触犯它。"将依新法处罚太子。太子，是国君的继承人，又不能施以刑罚，于是就处罚了监督引导他行为的老师公子虔，以墨刑处罚了给他传授知识的老师公孙贾。也就是说，商鞅主张首先惩办那两位唆使太子违抗新法的老师。结果，公孙贾的脸上被刻上了墨字，公子虔则因屡教不改而被割掉了鼻子。此后，秦国人就都遵照新法执行了。

新法推行了十年，秦国百姓都非常高兴，路上没有人拾别人丢的东西为己有，山林里也没了盗贼，家家富裕充足。人民勇于为国家打仗，不敢为私利争斗，乡村、城镇社会秩序安定。当初说新法不方便的秦国百姓又有来说法令方便的，商鞅说："这都是扰乱教化的人"，于是把他们全部迁到边疆去了。

商鞅的这种做法看似有点霸道，你骂我不行，夸我也不行。其实，他的意思是"我的法令你没资格评论，只能老老实实执行"。此后，百姓再没有人敢议论新法了。商鞅此举，确实起到了"杀鸡儆猴"的作用。

以上做法给我们的一个重要启示就是，要想推行变法或变革，必须加强中央的权威，把权力收到改革派的手中。唯有如此，才能排除各种干扰，清除阻力，使改革得以顺畅进行，否则鸡一嘴，鸭一嘴，

什么事也干不成，最后只能在各种杂音之中陷于失败。这就是商鞅变法成功的根本原因。

奸臣怎么成了改革派

商鞅变法成功了，它的成功得益于符合历史潮流，得益于一把手的支持，尤其是商鞅等改革派的坚决果断。下面我们再谈谈历史上另一场并不成功的改革——王安石变法。

改革变成"伪改革"

尽管王安石被列宁称作中国11世纪伟大的改革家，但是它的改革失败了，而且后来改革还变味了，导致朝政更加腐败直至亡国。

大家知道，北宋在历史上是个积贫积弱的王朝，而且冗员充斥、朝纲腐败。为了解决这些问题，北宋搞了两场变法，头一场叫庆历新政，即范仲淹变法，主要是裁汰冗员，抑制恩荫，加强官员考核，减轻赋税徭役等，由于遭到保守势力的反对，很快就失败了。第二场就是断断续续持续了两朝、几十年的王安石变法，史称熙宁变法。王安石为了解决国库空虚、军事薄弱等问题，有一个明确的思路，就是不加税，朝廷直接参与到经济活动中来，像商人那样渔利，为朝廷开辟财源，增加财政收入。

在王安石上述思想的指导下，变法派制定和实施了一系列新法，从农业到手工业、商业，从乡村到城市，展开了广泛的社会改革。与此同时，王安石为首的变法派改革军事制度，以提高军队的素质和战斗力，强化对广大农村的控制；为培养更多社会需要的人才，对科举、学校教育制度也进行了改革。由于变法触犯了大地主、大官僚的利益，两宫太后、皇亲国戚和保守派士大夫联合起来，共同反对变法。因此，王安石被两度罢相，直至熙宁二年（公元1069年），即神宗即位的第二年，王安石才被从小喜读韩非子，热衷于变法理财的赵顼拜为参知政事（副宰相），翌年升任宰相，开始大张旗鼓地推行其变法的主张。主要内容有均输、青苗、方田均税、农田水利、免税、市易诸法，利在理财富国；保马、保甲、将兵诸法利在精兵简政，便利于民。

应该说，王安石改革的初衷是好的：出于"民不加赋而国用足"的良好用心，而且王安石变法的决心也不亚于商鞅，竟然喊出了"天变不足惧，人言不足恤，祖宗之法不足守"的口号。他两度被罢相，却能不避艰险，推行新法。尽管如此坚决，但其结果很可悲，他劳心费神却事倍功半。不但没有取得变法的成功，反而在众多大官僚的反对声中，在自己阵营不断的内讧和分裂中，在宋神宗的疑虑和以贤德著称的曹皇后（仁宗妻）、高皇后（英宗妻）、向皇后（神宗妻）的干

预下宣告了变法的失败，并于熙宁十年（公元1077年）再度罢相，从此逐渐淡出政治舞台。

历史的教训值得借鉴，历史就是今天的镜子。改革光有良好的愿望和动机，并不一定就产生良好的结果。王安石变法的失败可以作为这一论断的注脚。

"奸臣"加速了北宋的灭亡

古来变法，实际上所要解决的就四个字"理财、用人"。理财为了富国强兵，是变法最基本的需求；而用人则关系到财理到哪里去了，实际关系到变法的成败。王安石变法失败的一个重要原因就是没有很好地解决用人问题。因此，他的初衷虽然很好，措施也不能说不得力，变法却没有收到应有的结果，反而成为新兴官僚集团搜刮地皮、扰民害民的工具，大悖于王安石的良苦用心。这究竟是什么原因呢？关键在用人问题上出现了严重失误。

那些对王安石变法持有异议的人，如反对新法的韩琦（前宰相），富弼（知延州，抵御西夏，守护西北疆土的能臣，前宰相），司马光（伟大的史学家，个人品行无可挑剔者），文彦博（枢密使，一代诤臣），范纯仁（范仲淹子，得乃父真传），甚至苏轼兄弟。不管当代的历史学界怎样评价他们，都无法否认这样一个事实：这些人几乎都是宋史上的一代名臣，他们在其他方面都堪称泰斗、干才，在个人品格上也足可以光照千秋。为什么他们不约而同地都成了王安石变法的反对者呢？后妃史上，贤德自守，不逾闺训半寸、无人可以企及的曹后、高后那样深明事理的女主，怎么也加入本来有利于赵氏统治的变法的反对者之列呢？大地主、大官僚为了自身的利益，而联合反对重在抑制豪强兼并的新法，从而导致了新法的失败的观点，是近几十年来一种所谓的历史唯物主义但含有极左思想的判断，并不符合历史。

我们知道，用人和用人者的品格有着极大的关系，王安石本人性格猖狭少容，纵观王安石在变法中的用人，基本贯彻着党同伐异的干部路线，结果由改革变成党争。

王安石对于那些只要是口头上坚决拥护新法，并且不惜矫枉过正地推行他所以为的新法的"新人"，不管其人品怎样，节操如何，是否有胸襟，一概都视为同志，加以信任重用。而恰恰是这些人，大多出于政治投机的动机，并非真心拥护变法改革，只是借用这一终南捷径，来实现自己飞黄腾达、青云直上的目的而已。结果，导致新法在实行过程中逐渐变味，成了可悲的"伪改革"，不仅没有利国利民，反而成了变着法儿的扰民。因为改革、变法其实都是要"言利"的，也就是要和经济打交道，和钱有关。一旦用人不淑，就会给那些小人以可乘之机，使之成为某些打着变法之名来营私舞弊，肥了私囊的新贵们翻云覆雨的工具。

王安石超常规提拔的"六七少年"：蔡确、吕惠卿、章惇、曾布（唐宋八大家之一曾巩之弟)、安惇等最后都成了奸臣。至于大家熟知的《水浒传》中的六大奸臣，即蔡京、童贯、王黼等全是所谓的"改革派"，变法成了他们揽财害民的工具。

就拿"青苗法"来说吧，本意是给农民提供低息贷款，以过青黄不接时节。本意当然是好的，可落实下去就完全走样了。为应付考核，各级官员强制摊派贷款，利息虽低但要收名目繁多的费用，官吏还百般刁难。到还债时很多地方趁机抬高利息，达到20%~40%的高位，结果比民间高利贷还高。青苗钱成了变相加税，与民争利。所以，有人说青苗法失之在人，致使天下纷扰，民不聊生，内忧外患纷至沓来。

历史成了一个绝大的讽刺，改革彻底变味儿，成了祸害，众奸臣全都以改革派的面目出现，以至于让这帮群小最后葬送了北宋王朝。

变法派大多是"言利"的

假如王安石为了终极目标，能虚怀若谷地博采众家之益言，忍辱负重地团结同人，能开诚布公地与韩琦、富弼、范纯仁、司马光、文彦博这些当年的改革者、智者作倾心之谈，以国之根本打动他们。相信这些名臣大都不会抱残守缺，坚持腐朽之见，仅以利己来论国事。因为，他们毕竟不是贪赃枉法、利禄熏心的腐败官僚。

王安石在建立改革的统一战线方面，首先失之褊狭，以致树敌过多。假如王安石在用人上，听其言而观其行，坚持用人唯贤的路线，而不是党同伐异，至少新法在实行过程中不会变味儿。名臣们一致反对王安石变法，恐怕很大程度在他的用人上，他所任用的一些人，为名臣们所不齿，自然不屑与之为伍。

俗话讲，谈古的目的是为了"论今"。之所以回顾这段失败的变法，就是因为最近十几年来，我们痛心地看到，有一些人打着改革的旗号，行一己之私利，或者是谋小集团的利益，形成了一批大大小小的贪腐利益集团，极大损害了国家和人民的利益。

最近，中央反贪力度加强，不断揭发出来的事件简直让人触目惊心。一些所谓的"能人"这些年来呼风唤雨，头顶着"改革家"的光环，把只要能挣钱创收都当成"改革"，彻底败坏了改革的声誉。正是在这种意识的指导下，选拔干部的标准也发生了变化，所谓改革精神和开拓精神成为重要标准，一种急功近利的、强调经验的工作作风和态度在官僚阶层中逐渐占据上风，笼罩其上的道德追求和政治信念渐渐散去。随着改革的推进和日常化，改革精神与上级意志越来越趋向一致，也越来越难以区分。尤其到了20世纪90年代以后，这种趋势越演越烈，对上级的忠诚和工作能力成为最重要的干部选拔标准。而忠于自己的追随对象，也成为官场最重要的生存原则。长此以往，党和国家的命运终将败在这批败类与小丑手中。所以，我们今天必须总结经验和教训，把那些祸国殃民的所谓"能人"们绳之以法，以还改革之清名。

革卦和鼎卦的启示

前面我们通过几段中外历史的回顾,总结前人在改革或革命中的成败得失,会发现有些东西惊人相似,只不过是更高级的重复而已。下面我们再通过典籍来进行一些理论的思考。

"人挪活"与"树挪死"

谈到发展与变革,我们不能不提作为"群经之首"的《易经》。在这部伟大的著作里,通篇都涉及发展与革新,处处充满着生命的活力。《易经》讲的"易",首先就是变易,变革。在《易经》中一个让人们耳熟能详的话就是"穷则变,变则通,通则久"。又说"改命,吉",让人们要勇于改变自己的命运,并认为改变命运是吉祥的。而《易经》的"经",其意是作为思想行为标准的书。外国人把《易经》称为"变化之书"(Book of Change),正是抓住了《易经》的核心。

在我们的祖先看来,宇宙间的事物是生生不息的,因此宇宙间没有永恒不变的事物。正是在这个生生不息规律的支配下,世界总是处在不断更新、不断发展、不断创造、不断新生、不断生灭的过程之中。旧事物的消亡、新事物的产生,是宇宙变化的本质。宇宙的自然法则是这样，人类社会的法则也是这样。人类社会，特别是社会生产力只有不断革新、创新，社会才能发展。一个社会组织同样如此，只有不断自我更新，不断创新发明，才能获得现实的生存空间，才有可能立于不败之地。

创新，需要抓住"几微"的本事

改革与创新是政治家和企业家极为重要的精神。

我们要具有创新精神，必须有聪颖的头脑和能发现问题的锐敏观察力。《易经》告诉人们，要及时发现事物变化的征兆和极微的萌芽状态的东西。《易经·系辞传》说："几者，动之微，吉凶之先见者也。君子见几而作，不俟终日。"也就是说，作为一名领导者要有洞察秋毫、善于发现问题的本事。事物的变化是有规律可循的，任何事物总是从萌芽状态而弱小、而成长、而壮大，最后衰弱、消亡。当事物还处在萌芽状态时，就发现它，并进行扶持、培育，使它朝有利的方向发展；或促使其向相反的方向转化，避免产生不利的后果。

《易经》"几者，动之微"的思想正是告诉人们去发现"几微"，抓住"几微"。事物发展过程中的任何可能发生的转化，都有某种先兆，问题在于你的智慧是否深邃，洞察力是否锐敏，能否觉察到。《易经》坤卦中的思想就是强调人们要对事物转化的先兆及时加以察觉和分辨，就能预见事物演变的最终结果。坤卦爻辞中说："履霜，坚冰至。"

意思是,脚踩着薄薄的霜,它告诉人们冬天开始了,离结冰的日子不远了。能发现"几微",又能预示它发展的最终结果,就算掌握了变化之道,也就能驾驭全局的变化了。所以,孔子赞扬说:"知几其神乎?"知变化之道难道不是很玄妙的事情吗?《易经》中这种"几微"的观点,值得各级管理者们好好学习和借鉴。

改革是有规律可循的,如果不遵循规律,就成了开历史倒车的瞎折腾,最终将以失败告终。老子有一句名言,现在常常被人们提起:"治大国若烹小鲜。"这句貌似平实的话里蕴含着丰富的治国理政智慧,其意就是治理国家如同烹鱼。小鲜,在这里是鱼的意思。"烹鱼"我们可以有两种方法,第一种是炸熟一面再炸另一面,第二种是过于着急,来回翻它。毫无疑问,第二种方法只能把鱼翻成"鱼酱"。把这句话翻译成胡锦涛同志的一句话就是"不折腾"。遗憾的是,这些年来有人往往打着改革的旗号在不断折腾,而国家和老百姓是禁不起这么折腾的。

革故,倒过来就是鼎新

在《易经》中有专门论述改革的两卦,即革卦与鼎卦,我们现在常说的革故鼎新这个成语就是来源于此。这两卦彼此相综。所谓"相综",就是革卦颠倒过来就是鼎卦,鼎卦颠倒过来就是革卦,说明了它们之间有相互依存的关系。

"革"是变革、改革、革新、革命的意思。"鼎"是烹饪之器,经过烹饪过的熟食物,是一种有别于生食的新事物,所以"鼎者,取新也"。《易经》中认为,变革和创新是不可分割的两方面,没有变革就没有创新,只有创新才能说得上是变革。物极必反,物壮则老,月盈则亏,事物发展的规律就是如此。宇宙中的自然事物,其变革是一个自发的、自然的过程。社会事物的变革则受人的活动影响和支配。

如果领导者能顺应时代发展,抓住时机采取相应的、正确的措施实行变革,进行创新,那他就是成功者。所以革卦卦辞说:"天地革而四时成。汤武革命,顺乎天而应乎人。革之时,大矣哉。"高亨解释说:"改革乃自然界与社会之普遍规律,但必须应时之需要。天地应时而革,所以四时成。汤武应时而革桀纣之命,所以顺天应人。革之应时,乃能成其大也。"这说明了变革的重要意义和掌握变革时机的重要性。

该变革时,要及时变革;不该变革时,不能盲目进行变革。变革是"动",是破坏;维持现状,保持旧状态是"静"。把握好变革的时机,抓住变革的机会,前途就光明。所以《艮卦·彖传》说:"动静不失其时,其道光明。"鼎新、创新是立。先破后立,在变革的基础上创新,只有新的东西立起来了,才能实现创新。新的东西没有真正立起来,就说不上变革和创新。不断变革,不断创新,是《易经》最核心的、最富有哲学智慧的、辩证的思想。

变革，得有耐心

下面就从革卦的卦辞分析入手，力求揭示变革的规律，提高领导变革的艺术。

革卦的卦象是离下兑上，离代表火，兑代表泽。水在火上。俗话讲"水火不相容"，按照《易经》的思想，水火是相息相灭的物体，因此称"革"。

那么"革"好不好呢？卦辞上说："已日乃孚，元亨，利贞，悔亡。"大意是说，变革旧的事物不是轻而易举的事情，因为人们对旧的事物早已习惯、适应，一下子要变革肯定不会被马上理解接受，这得需要一定的时间来适应。已日在古代代表十天，实际上是象征比较长的时间，喻指改革需要一个比较长的过程，尤其要改变人们旧的传统、旧的观念，更需假以时日，才能被大家理解、信服。

我们常常讲改革比革命的难度还要大，就是因为它涉及全体人民的方方面面，必须有非常强的政策性，否则会功亏一篑。所以我们认为当今领导者的领导艺术，集中体现在领导改革的艺术上。但是，只要改革能从大众的利益出发，坚持正道，即使有再多困难，大家也能同心协力克服，自然就"元亨"，而且无悔了。

变革有六个阶段

上面讲了革卦的卦辞，下面主要讲革卦的六段爻辞，我们可以把它们理解成一次变革过程中的六个阶段。

第一阶段：初九，巩用黄牛之革。巩，包裹牢固的意思。用什么包合适？牛皮最结实。我们看"巩"的繁体字是"鞏"，可见，巩固是和皮革联系在一起的，而且要用黄牛皮，因为黄牛代表温顺、中庸。

现在我们再来解释这段爻辞的含义：因为改革是大事，所以要慎重，要革得其时，要在位。而初九虽然有改革之志，但是处在最低层，不具备改革的权威，也就是说时机根本不成熟，那就要以中庸之道把自己严严实实地包裹起来，巩固自己，不要轻举妄动。这说明，古人一方面提倡改革，另一方面又强调不可急躁冒进，防止欲速则不达。

第二阶段：六二，已日乃革之，征吉无咎。六二是个阴爻，象征柔顺且中正。这里还是强调"已日"，也就是要考虑改革有一个时间过程，要等待时机成熟后再进行，才会取得胜利。什么是时机成熟？列宁对于革命时机成熟有一个著名的论断，就是当被统治者不能照旧生活下去，统治者也不能再照旧统治下去时，革命时机就成熟了。改革也是如此，当一种管理方式对于管理者和被管理者都无法接受时，改革的时机应该就水到渠成了。所以，如果只根据少数人的意志，一厢情愿地推进改革，或者事倍功半，或者半途而废，吃力不讨好，结果必然是凶或有咎。

第三阶段：九三，征凶贞厉，革言三就，有孚。九三处于阳刚的位置上，其自身也阳刚，由于过于急躁，结果往往是凶。变革最初往往面临如何开始的问题，此时既不可盲动、躁动，引起大家的恐慌和抵触，又不可迟迟不动、错失良机，动摇大家对变革的信心。万事开头难，爻辞"征凶贞厉"就反映了变革初期的这种两难局面。此时唯一的办法就是"革言三就"，即对改革的言论、方案要论证多遍，或者是经过多次反复的研究和审慎周密的考虑，证明确实合理可行，没有问题，并经过多次的宣讲、讨论和培训后，得到大家的信任和支持。这样就是"有孚"，这时就可以进行变革了。这一阶段强调的是与大家充分沟通并得到信任，也是变革成功的重要保证。

第四阶段：九四，悔亡，有孚，改命，吉。前面讲，在改革的发动阶段，要慎之又慎。到了九四阶段，已经处在"革"之中期，因为领导改革的这个人物虽然阳刚，但处在阴位上，象征具有改革的才能，所以没什么后悔的了。改命就是革命的意思，因为取得了广大群众的支持和信任，变革成功了，后悔消失了，群众理解了、满意了，结果必然是吉。在前三个阶段，即当革未革，欲革难革之时，必当小心审慎从事，力求变革稳步发动，一举成功。而第四阶段则是前面阶段的一个必然发展。中国在十一届三中全会后进行的农村体制改革和其他一系列改革，由于得到了人民的理解和支持，所以尽管有人说三道四，尽管也有不少曲折，但总体是成功的。

第五阶段：九五，大人虎变，未占有孚。这是指的领导改革的最高统帅，他不仅处于尊位，而且大公无私，思想超前，得到群众拥护。由他来领导改革，既顺应时代潮流，又顺应民心，所以根本就不用占卜了。

写到这里，我们不禁想起了改革开放的总设计师邓小平同志，人民群众发自内心地拥护他，所以才在天安门广场上自发地打出了"小平您好"的标语。作为一个部门领导者，是变革的主体，可以称之为"大人"。以"大人"之道进行变革的一个重要特点就是"虎变"，即变革的一切要像老虎身上的花纹一样显而易见，没有阴谋可疑之事，人们看得清清楚楚，完全值得信任。这里强调的是，变革过程中领导态度的坚定、过程的公开和交流的坦诚。

第六阶段：上六，君子豹变，小人革面，征凶，居贞吉。这里的君子，指的是改革的后继者。在改革取得了阶段性成果后，"君子"要继承前面"大人"的事业，继续维护改革的成果。如何"维护"？变革成果需要具体严格的制度去支持和巩固，就像豹子身上的纹路一样细密严谨。这里的"小人"指的是一般群众，为什么说他们是"革面"呢？我们经常讲"洗心革面"这个词，指的是一个人从内心世界到外部形象，

都发生了质的变化。而这里光"革面",可能不见得"洗心"。也就是说,允许群众在内心里有些不理解,只要行动上拥护就成了。

在这个阶段,主要的问题已经不是革而是守了。因为改革到一定程度,不能总是改下去,要告一段落以休养生息,要稳定,继续朝前走就是"征凶"了。这时候最重要的是"居贞"守成,最宜安静守正。"征凶"是指变革成功之后,不可继续变革,否则大家疲于应付,没有时间对新的思维和行为模式进行理解和强化。如果改革无休止地进行下去,老百姓不得安宁,最后恐怕连最初的改革成果也难以保住。

总之,整个革卦辩证地分析了革命或改革的时机,以及要把握的政策等,对于我们今天领导改革有着非常重要的意义。

如何创新——再谈鼎卦

下面我们再谈谈"鼎"卦,鼎的卦象是巽下而离上。"鼎者,取新也。"由于在古代鼎是用来煮肉的,肉当然是新鲜肉,故曰"鼎新"。

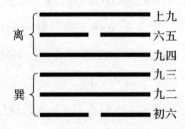

巽代表风,离代表火,风上有火。鼎卦的卦象非常像一个鼎的样子:

下边是两个鼎脚，上边有两个鼎耳。《易经·象辞》中对革卦的解释是"改命"，对鼎卦的解释是"凝命"。所谓"凝命"，就是以严肃认真的态度完成自己的使命，巩固改革的成果。下面我们对鼎卦的爻辞做一下解释说明，看看鼎卦到底是如何讲变革的。

"初六，鼎颠趾，利出否，得妾以其子，无咎。"初六在卦的最下面，有点像鼎趾。这时，烹饪食物的鼎足颠翻，却顺利倒出了鼎中陈积的污秽之物；看似反常，实则不然；这实际就是除旧，是在向好的方面转化，就好像娶妾可以生子一样，不会发生灾祸。

"九二，鼎有实，我仇有疾，不我能即，吉。"鼎而有实，象征一个人实力很强。但下边是个初六，代表小人，可能会嫉妒他，那怎么办呢？"不我能即"，就是不能即我，也就是说君子要谨慎行事，不让小人抓住把柄，那么纵然小人想害君子，也无懈可击，因此"吉"。

"九三，鼎耳革，其行塞，雉膏不食；方雨亏悔，终吉。"这段爻辞跳跃性很强，让人费解。九三象征阳刚之人又在阳位上，很有能力。但由于他的位置比较低，离最高领导"六五"还隔得比较远。这里的"鼎耳"指的就是六五，也就是鼎的耳朵，人们要想抬起鼎，一定要有杠子穿进去方能移动它，可是鼎耳发生了变化，根本动不了，所以叫"其行塞。"九三即使有宏图大志，也非常无奈，因为中间环节阻塞，因此鼎里有好吃的雉膏，人们也无法吃到。这时，作为九三的君子应该刚正自守，六五作为有德的最高领导迟早会发现你这个人才，那时如阴阳相会,自然就会下雨了。"亏悔"指的是九三开始虽然有不遇之悔,但最终会有相遇之吉。总之,这段话绕的弯子比较大,实际上告诉我们,作为一个比较基层的管理者,你会有很多改革的想法,但是由于这个位置离高层比较远,中间环节比较多。而高层可能出于各方面的考虑,时机也不成熟,或者还没有发现你的才干。那么作为有志向的九三不要气馁,高层领导会在适当的时机找你探讨的,那时就是你施展才华的时刻了。九三爻的内在含义是讲如何等待与把握机遇的问题。

"九四,鼎折足,覆公𫗧,其形渥,凶。"这段爻辞既形象又深刻。我们看,九四作为重臣,紧靠着最高领导层,上面是六五的殷切期望,下面又和初六这些基本群众相应,承担着很重的责任。遗憾的是,最基础的初六已经鼎足歪了,这时岂有不"折足"之理?𫗧就是肉粥,而且还是"公"家的肉粥,全倒了出来,弄得鼎身一塌糊涂。说明九四难当改革重任,下边又用人不当,导致大量国有资产流失,少数奸佞之人得利,结果自然就是凶。

"六五,鼎黄耳金铉,利贞。"六五的位置很有点像鼎的耳朵,要想抬动鼎,必须要用杠子穿过鼎耳。六五虽然能力不是非常强,但他是"黄耳",黄代表中庸,虔诚待人。暗喻就等着结实的杠子穿过鼎耳来抬动大鼎了,意味着改革的愿望即将变成现实。

"上九,鼎玉铉,大吉,无不利。"杠子终于出现了,而且不是一般的杠子,是"玉铉",即玉石的杠子,玉石代表刚柔相宜,他虽然处在六五之上，但是能为六五效劳。孔子形容玉铉："玉铉在上，刚柔节也。"他虽然处于高位，但又像玉石一般温润，自然能和君主处理好关系，所以才"大吉，无不利"。

鼎卦在《易经》里完全是以型说理的一卦。初六是鼎足，九二、九三、九四是鼎腹，六五是鼎耳，上九是鼎杠。说明了什么呢？从每一爻的爻辞来看，都特别强调：**改革要用人得当，一定要有德才兼备的人才**；如果用人不当，不是鼎歪了，就是足折了。孔子在《系辞传》中对这一点说得非常明确："德薄而位尊，知小而谋大，力少而任重，鲜不及矣……凶，言不胜其任也。"充分说明了用人的重要性。因为鼎在中国历史上代表的是国之重器，是权力的象征，关系着国家的命运前途，非同小可。所以，一定要尊重知识尊重人才，才能除旧布新。那么，作为有才之士，也要正确对待和选择时机，没得到任用，也不必灰心，只要坚守正道，总有施展抱负的一天。这样，明智的领导者即使本身能力弱一些，但因有刚毅中正的管理者辅佐，也一定会成功。而王安石变法最后的失败，也从另一面证明了这一点，值得我们今人警醒。

改革的思想，可以说贯穿了《易经》的始终。比如其六十三卦，也就是倒数第二卦叫"既济"卦，表示事物已经完成，"既济"了嘛。但最后一卦却又成了"未济"卦，表示事物并没有结束，一个新的过程又开始了。可见，《易经》的卦与卦之间透着生生不息、无限发展的思想。

第三章
文化之诚
数典忘祖最可怕

当今有那么一些人确实"穷"得只剩下钱了,这种没有文化的大款只能叫"土豪",叫"暴发户"。假如一个民族没有文化,那肯定是没有前途的民族。

最核心问题，将是文化问题

面对当今社会出现的种种问题，人们忧心忡忡，从不同的角度进行了批判、分析。不少人将这些问题的出现归为体制原因。其实，这些问题表层上看是体制问题，深处看则是文化和价值观念问题。有人说，中国现在最大的危机不是经济危机，也不是政治危机，而是广大民众的信仰危机。一个穷人占多数的13亿多的人口大国，人们竟然没有了信仰和精神依托，传统文化断脉、当代文化扭曲、外来文化水土不服、文化建设变味成了作秀，这是非常可怕的事情。

管理的背后是文化

我曾经以为，管理只是一种没有阶级性的技能与手段。但是随着自己学习与实践的深入，现在越来越深切感觉到，管理没那么简单。它不像纯技术手段那样没有阶级性——管理是有价值观的东西。自己花了十几年悟出来的理儿，后来一读经典，发现人家西方的管理大师早就"实话实说"了。美国著名管理大师彼得·德鲁克早在1971年就把管理与文化直接联系起来了。他认为：管理是一种社会职能，隐藏在价值观、习俗、信念的传统里，以及政府的政治制度中，管理是

而且应该是受文化制约的,管理也是"文化",它不是无价值观的科学。

你看,这话说得多透彻。就拿"中国式过马路"这种现象来说吧,在咱们的马路上不是没有红绿灯,也就是说不是没有规矩,但就是有那么多人不遵守。为什么?其实就是一种"文化"在作怪,那就是"不闯白不闯,闯了也是法不责众,没人管"。于是,就出现了形形色色的"中国式过马路"现象。这种心理出现在小处是不守规矩,出现在领导层就是腐败。因此,近些年来日趋严重的腐败现象从根本上来说也是文化危机。

最近,文化被越来越多的政治家、学者重视并反复提及。比如,新东方的创始人俞敏洪先生就说:"我深切地感觉到,没有什么东西比文化更加重要。现在中国有太多的问题,有政治体制的问题,有社会结构的问题,有社会转型的问题,但实际上中国目前面临的最大问题是文化问题。过去一百年,中国的传统文化丢掉了,而新的文化机制还没有建立起来。"

2014年7月11日,在由凤凰网、岳麓书院联合主办的"致敬国学——首届全球华人国学大典"启动仪式暨新闻发布会上,凤凰网总裁李亚以《文化与思想是我们时代的当务之急》为题致辞。他说:"35年的改革开放,使中国一跃成为世界第二大经济体,但我们也日渐感受到价值失重、道德失范、社会失序的挑战。物欲主义和消费主义主导了人们的价值观,急功近利与实用主义泛滥,从儿童、大学生、弱势阶层，到权力与财富的拥有者，浮躁、贪欲，甚至暴戾之气，侵蚀着社会的各个阶层。"

而要解决这个深层次的问题，必须靠文化。也就是说，中国的核心问题将是文化问题。

有人倡议需要建立一门新的学科：文化诊断学

文化像身体一样，也可以分为健康、亚健康、病态三种不同的状态。在多元化发展的文化背景下，在百家争鸣的文化发展环境中，尤其是在互联网时代，文化的发展良莠混杂。如何区分文化的健康、亚健康和病态程度，需要有人做出负责任的缜密的诊断。

不过，关于咱们当今的文化健康与否，相信大家自有公断。往严重了说，现在我们的思想已经病了；即使说得乐观一点，也是处在亚健康状态。这起码说明了我们的软实力不强。

"软实力"被忘了

据说"软实力"这个概念，是由哈佛大学约瑟夫·奈教授于1990年提出来的。他讲道：谦卑的强权，通过吸引别人而不是强制他们来

达到你想要达到的目的。我们且不管约瑟夫·奈提出这一概念是出于什么动机，它起码说明了软实力在综合竞争力当中的重要性。而文化软实力则是国家软实力的核心因素。文化软实力是指一国基于文化而具有的凝聚力、生命力、创新力、传播力和文化张力，以及由此而产生的感召力和影响力。于是，"软实力"这个词开始风靡一时。

其实，关于软实力的重要性，我们的老祖宗在几千年前就已经说得非常明白。老子在《道德经》中说道：天下之至柔，驰骋天下之至坚。在这句话里，"驰骋"是管理的意思。也就是说，"柔"的东西最终要管理"刚"的东西。"至柔"就是"软实力"。遗憾的是，咱们很多领导把它忽视了。

曹操也说过：恃武者灭，恃文者亡。这短短的八个字告诉了我们一个道理：一个国家政权单纯靠武力维持不会长久。历史证明，那些凡是靠强力建立的王朝，比如秦、隋、元，都是短命王朝。世界史也证明了这一点，较早的几个所谓大帝国不说，就是整天喊着"武运长久"的日本帝国主义在猖獗了一时之后，也在世界反法西斯力量的打击之下消散了。反过来，单纯靠"文"强国，也是自欺欺人。君不见北宋南宋，秉承"以文治国"，不仅长期积贫积弱，而且在外力的打击之下，连苟延残喘的日子都没有维持多久。因此，一个国家要想在强手如林的世界上站稳脚跟，并强大起来，必须要"内修文德，外治武训"。也就是说，对内要用道德教化百姓，对外必须有强大的军事实力做后盾。这其实就是当今美国人所说的"硬实力"与"软实力"。

在中国经济经过了几十年的高速发展之后，我们才认识到：在综合国力竞争日趋激烈的时代，如何提高国家的"软实力"已经成为国家的核心战略。改革开放以来，我们制定了正确的政治战略、经济战略、外交战略、军事战略，并取得了巨大的成功。但是，在文化上我们尚未形成战略思维，对于某些问题的认识，甚至还不到位。

"穷"得只剩下钱了

那么，一个国家硬实力上来了，是不是软实力自然也上来了呢？不见得。这些年的改革，应该说物欲得到了充分释放，但道德的教化与约束却没有相应跟上，所以才出现了前面所说的诸多问题。这反映了我们的文明程度并没有得到相应提高，而且这种不及格的文化还在制约着经济的发展，影响着我国在世界上的形象。

必须坦率地承认，目前我国国民的整体素质并不高，单就各国对我们某些外出同胞的恶评就足以说明这一点。这种不良的文化像一种土壤，它不仅滋生着各种病菌，也是腐败的营养基。

关于物质文明与精神文明的辩证关系，有一句大家耳熟能详的话：仓廪实而（则）知礼节，衣食足而（则）知荣辱。很多人都知道这句

话出自《管子》。请大家注意,这句话中有一个字加了括号,也就是说原文是"仓廪实则知礼节,衣食足则知荣辱",就是说前者与后者是有着必然的正相关的关系的,有了钱自然就有了精神文明了。但是事实证明并非如此,前者只是后者一种可能的前提,而不是必然的前提,所以到了司马迁那里巧妙地把"则"字改成了"而"字。一字的变化非常深刻,它告诉人们,"仓廪实"并不见得就"知礼节","衣食足"也不见得就"知荣辱",甚至有时还会相反。现实当中的一些丑陋现象就充分证明了这一点。老百姓的话讲得非常明确:男人一有钱就变坏,女人一变坏就有钱。这话虽有些偏激,但也说明物质文明提高之后,精神文明并不见得相应提高。

我们并不鼓吹仇富,但是当今有那么一些人确实"穷"得只剩下钱了,这种没有文化的大款只能叫"土豪",叫"暴发户"。假如一个民族没有文化,那肯定是没有前途的民族。

怎么办?先哲告诉我们,必须要进行教化。孔子有一句名言:道之以政,齐之以刑,民免而无耻;道之以德,齐之以礼,有耻且格。这句话里的"道"就是今天的"导",即引导的意思。大意是说:用政令来治理百姓,用刑法来整顿他们,老百姓只求能免于犯罪受惩罚,却没有廉耻之心;用道德引导百姓,用礼制去同化他们,百姓不仅会有羞耻之心,而且有归服之心。在这句话中孔子谈到了两种治理方式,一种是靠肃纪来强化管理(我们不否认这是必须的),还有一种是靠道德教化。孔子强调的是后者，因为这才是治本之策。

有这样一句话：制度让想犯错的人犯不了错，文化让有机会犯错的人不愿意犯错。我们讲依法治国和以德治国，二者不仅不矛盾，而且是相辅相成的，因为**法是他律，德是自律**。这就是法家说的"二柄"，也就是现在说的"两手抓"。

我们何时没了文化自信

在谈到当今诚信缺失、道德滑坡等现象时，不少人都痛心疾首，感叹我们离传统文化渐行渐远，认为这是近年来受"西化"的影响所致。其实，何止是近几十年，这要上溯到一百八十年前。对此，习近平同志深刻地指出：**中华民族历来有很强的文化自豪感，只是到了鸦片战争时期，在西方的坚船利炮下，中国沦为殖民地半殖民地，文化自信被严重损害。**

"中学""西学"之争

的确，自从1840年海禁被打破以后，不仅鸦片烟被"引进"，毒化着我们同胞的身体；西方的科技和政治文化也陆续被引进，影响着几代人的心灵,这就是我们常说的"西学东渐"。我们不否认"西学"进来之后,确实打开了封建帝国的大门,使封闭的人们大开眼界。但关键是我们应如何正确看待西学和自己的国学?自此之后,有关"国学"地位的争论始终就没有停止过,而且一直争到了今天,甚至今后可能还将继续争下去。

在近代史上,顽固排外的有一批人,他们主张"祖宗之法不可变"。这种故步自封和妄自尊大自不可取。还有稍微开明点的张之洞等人,主张"中学为体,西学为用"。这个说法的核心就是应该考虑咱们中国的"特色",说白了就是咱们的制度是好的,所以"中学为体",但不妨学点西方的方法用用,所以"西学为用",早期叫作"师夷长技以制夷"。在实践中,其典型代表就是洋务派。遗憾的是,技术改变不了体制,最终这场轰轰烈烈的洋务运动竟然不堪甲午战争一击,1894年便宣告破产。

在这些争论中,危害最大的莫过于"全盘否定派"。一些激进分子把中国落后的原因,不分青红皂白,一股脑地扣到了中国传统文化上,不断猛烈抨击着祖国几千年的文明成果,掀起了一次次混淆视听的浪头,使我们的文化自信渐渐缺失。他们认为,正是这些"古董"造成了中国人的闭塞和落后挨打,是万恶之源,应该在扫荡之列。甚至有人说:线装书现在可以丢到茅坑里,六十年后再看不迟。后来还喊出了激动人心的"打倒孔家店"的口号。他们呼吁要把传统文化来个连根清除。胡适于1929年在《中国今日的文化冲突》一文中，正式提出"全盘西化"一词，认为"我们必须承认我们自己百事不如人"，应死心塌地去学习人家。另外还有一个叫陈序经的人在1934年发表《中国文化的出路》一书，断言：我们的唯一办法，是全盘接受西化，无论是好的还是坏的，甚至连它们所产生的弊病也要接受。这些人的观点不可谓不偏激，影响不可谓不大，乃至后来有人越走越远，甚至宣称要彻底取消汉字，一律使用拼音文字。说得严重些，在这些人的观点中就已经有了文化自残的苗头，因此有人认为这些观点也为后来的"文革"埋下了伏笔。

对国学的又一次挞伐

关于对传统的"批判"，说来好笑，在近现代史上不少人就是这么左一下右一下地折腾着。盲目排外时，把洋玩意贬得一钱不值，从义和拳的"刀枪不入"到"世界上还有三分之二受苦受难的阶级弟兄"，核心就是唯我独尊，唯我独"革"；打开国门时，又一下子被晃花了眼，从原来的言必称希腊变成了今天的言必称哈佛；抛开"文革"不说，尤其是最近这二十几年来，某些食洋不化的人对国学又进行了一次极大的挞伐。

随着国门的开放，人们一谈管理必谈与西方发达国家接轨，结果现代化变成了西化。一时间，工商管理课程班、MBA、EMBA，风起

云涌般席卷了大江南北,洋概念、洋名词铺天盖地。众多"海归"和"准海归"们宛若取回真经的唐三藏,一律西服革履地向闭塞的国人介绍着这些"点石成金"的不二法门,人们用近乎崇拜的心态聆听着他们的教诲。

我们承认,这个过程对于介绍发达国家的经验起到了非常重要的作用。但是在这一进程中,不少国人从一个极端走到了另外一个极端,产生了盲目崇洋媚外的心理,妄自菲薄地坚持:月亮绝对是外国的圆,天空也是外国的亮。谁再提老祖宗的东西,似乎就成了头戴瓜皮小帽身穿马褂的遗老遗少了。于是,纵容得有些"专家"胆子越来越大,利用讲台和媒体不断往传统文化上泼着脏水。尽管他们根本就没有读过什么诸子百家的书,却狂妄地宣称"国学"是制约中国走向富强与世界接轨的最大障碍。

不是吗?最近还有号称为"国际名流"的人,甚至恣意妄称《易经》是影响中国前进的最大因素,结果引来嘘声一片。有的所谓学者竟然极端到提出了中国应废除"龙"的标志,因为在人家外国人的词汇里,"龙"是恶的象征,既然要"接轨",外国朋友讨厌它,我们还要那东西作甚?还有人打着反对"伪科学"的旗号,主张连中医一起废除。不想这一下子却引来从官方到民间的一片讨伐。这种观点假如出现在百年之前还情有可原,可是历史发展到今天,还有人如此偏激,那就不是别有用心,而是在有意制造闹剧了。

值得注意的是，在全盘否定派中，有些观点还是很迷惑人的。比如柏杨在他的论著中，就把一部中国的历史描写成一个"酱缸"文化，也就是说我们的老祖宗直到我们再到咱们的子子孙孙，就始终在这么一个乌七八糟的酱缸里面"酱"着，被污染着。另外还有一些不知怀有什么目的的人，从否定中国政治体制开始，干脆连中国文化的根也一块掘了。他们认为中华民族表面上看来是道德民族，其实是谋略民族。谋略的特点是不循规则、不择手段，从古至今中国人玩的都是权谋权术甚至阴谋诡计的东西。他们还煞有介事地分析说，中国人没出息到几千年除了沉溺于福禄寿喜，沉溺于世俗的吃吃喝喝、功名富贵之外，就没有超越世俗的理论，几乎没有"道"，只有"术"，有的只是一个个工于心计的猥琐的臣民。这种描述和分析不能不说是对自己祖宗彻头彻尾地叛逆和污蔑了。

但在这些争论中，大部分人还是比较公正的，起码有一个共识：对中国的传统文化应该一分为二地看待，其中很多是有价值的，不能完全抛弃。著名爱国诗人龚自珍就说过一句有名的话："欲要亡其国，必先灭其史，欲灭其族，必先灭其文化。"这句话说得实在深刻。大家不会忘记，当年的日本侵略者为了达到"奴化"各殖民地人民的险恶目的，他们侵略到哪里就强行把日文推行到哪里，不准当地人讲自己的民族语言，让他们忘记自己的历史。可悲的是，现在一些盲目吹捧西方文化的人竟然也在干着当年殖民者们想做而没做成的事，拼命

否定着自己的祖先和中华民族的光辉文化。这不仅让我们想起了唐代诗人司空图的两句诗:"汉儿尽作胡儿语,却向城头骂汉人。"也正如著名文化学者南怀瑾先生深刻指出的:现在骂中国文化的,不是外国人,而是我们中国人。

近一百多年来,我们就是在这样一阵阵西化的口号中迷失了自我,丧失了文化自信。面对这种否定中国传统文化的逆流,国学大师饶宗颐先生说:"经书是中华民族文化精华的宝库,是国民思维模式、知识涵蕴的基础,也是先哲道德关怀与睿智的核心精义、不废江河的论著。重新认识经书的价值,对现代人有极大的启发作用。"

必须有文化自信

值得庆幸的是,我们一代又一代中央领导集体越来越明确地肯定了中国传统文化的重要地位。胡锦涛同志曾经旗帜鲜明地指出:中国共产党从成立之日起,就既是中华优秀传统文化的忠实传承者和弘扬者,又是中国先进文化的积极倡导者和发展者。这句话的意义就在于,明确承认了中国传统文化与中国共产党具有一脉相承的传承关系。

习近平同志更是反复强调:中华优秀传统文化是中华民族的突出优势,是我们最深厚的文化软实力。他说:"这事关精气神的凝聚,我们要坚定理论自信、道路自信、制度自信,最根本的还要加一个文化自信。……今天,我们不仅要坚定'三个自信',也要大力弘扬优秀传统文化。"2014年"教师节"前夕，9月9日，习近平访问北京师范大学，在翻看全国课程教材时，他说："我很不希望把古代经典的诗词和散文从课本中去掉，加入一堆什么西方的东西，我觉得'去中国化'是很悲哀的。"

应该说，这些论述给那些妄自菲薄的人上了深刻的一课，也可以说为百年来的争论做了一个彻底的总结，要想有道路自信，前提是必须有文化自信。

为传承弘扬中华优秀传统文化，必须从教育开始，从读书开始，从传统教育中汲取经验，首要应从阅读经典开始。典籍是中华民族智慧和价值观的承载者，是符合中华民族心理、符合中国国情的先贤之作。熟读典籍，既是一种学习，也是一种升华。记得有位学者说过：一个人的精神发育史，应该是一个人的阅读史，而一个民族的精神境界，在很大程度上取决于全民族的阅读水平；一个社会到底是向上提升还是向下沉沦，就看阅读能植根多深，一个国家谁在看书，看哪些书，就决定了这个国家的未来。读书不仅仅影响到个人，还影响到整个民族，整个社会。要知道：一个不爱读书的民族，是可怕的民族；一个不爱读书的民族，是没有希望的民族。

读什么书？当然要多读经典，少读快餐文化，尤其是别读文化中的那些垃圾食品。中国人都应该懂一点《四书》。嫌《四书》太多的话，读一点《论语》《老子》《金刚经》也行，读一点唐诗宋词也行，只要慢慢浸润下来，心态就会变化。

传统文化合理在哪儿

中国传统文化博大精深,是一个取之不尽用之不竭的思想宝库。习近平访问欧洲时曾自豪地说道:"中国是有着悠久文明的国家。中华文明是没有中断、延续发展至今的文明,已经有5000多年历史了。2000多年前诸子百家的许多理念,至今仍然深深影响着中国人的生活。中国人看待世界、社会、人生,有自己独特的价值体系。中国人独特而悠久的精神世界,让中国人具有很强的民族自信心,也培育了以爱国主义为核心的民族精神。"中国优秀传统文化蕴藏着大道德、大智慧,遵之则成,悖之则败。

为了和西方文化进行比较,我将中国传统文化归纳为五大方面:全局观,辩证观,以人为本观,天人合一观,伦理道德观。而这些观念的核心就是:和谐。

"大""远"的全局观

所谓全局观,即要求人们应善于从整体来看问题。西方把这种思维方式称作"系统论",不过这是他们最近几十年的事情。咱们古人把这种看问题的方式叫作"大""远"。

翻开历史,我们会发现,在古人的思想中处处闪烁着"大"的光辉。被称为群经之首的《易经》,其最大的特点就是整体观。它从阴阳二爻入手,经过反复排列组合,形成了一个由六十四卦组成的完整体系。它以乾、坤起始,由既济、未济收尾,构成了一个无限循环的立体的闭环管理系统。在《道德经》中也处处能看到这种关于"大"的论述,如大巧若拙、大辩若讷、大成若缺、大盈若冲、大直若屈、大方无隅、大器晚成、大音希声、大象无形,等等。

在国家政权建设上,韩非子说"事在四方,要在中央",儒家管这叫"大一统";在军事斗争中,有"故不谋全局者不足以谋一域,不谋万世者不足以谋一时"的著名论断。这些思想可以说是深入人心,成为百姓的口头禅和做人的原则,如"人无远虑,必有近忧""小不忍则乱大谋"等。这种宏观的思维方式,其实就是最早的战略思维。

为什么中国特别强调"大"?因为我们文化最显著的特点之一,就是其群体性或整体性。中国人习惯在群体中定位个体,在整体中确定部分,这种特点体现在生活的方方面面。例如,中国人和西方人对时空顺序的表达明显不同。在西方,是把每一个方面切开来,量化分析,重技巧,忽视人的整体,先部位,后全局。他们看问题的顺序往往由微而巨,比如在时间顺序的记述上是从时到日到月再到年,空间顺序上先写某某楼再写某某街然后再写某某市,最后才是国家的名称。中国人都是由大到小,说明中国人的思维方式是从整体入手的,在整

体框架中安排个体的位置。它深刻地影响着一个民族的文化性格,要求我们做事要考虑到全局,想到子孙。

而现在某些贪官和庸官在为人处世与工作中却反其道而行之。比如江苏省建设厅原厅长徐其耀,也就是那个著名的贪色之官,他在给儿子的信中写道:"我们的社会无论外表怎样变化,其实质都是农民社会。……农民的特点就是目光短浅,注重眼前利益。所以你做事的方式方法必须具有农民特点,要搞短期效益,要鼠目寸光,一旦你把眼光放得长远,你就不属于这个群体了。"这些话看似语重心长,其实是在授人以奸,不过他的话着实代表了一批急功近利的小人心态,而其失败恰恰也与此有关。

"整体"的辩证观

辩证观是一种分析问题的思维方式,就是从事物的多侧面、多影响、多角度分析事物,因为任何事物都不是孤立存在的,而是与其周围有着千丝万缕的联系。这就让我们在分析问题及制定政策、开展工作时,要进行客观辩证的分析。

最能体现这种从大处着眼、从全局出发思想的莫过于中医了。中医把人体作为一个整体来看待,注重辨证施治。钱学森先生曾说:"人体科学一定要有系统观,而这就是中医的观点。"中医诊治,强调的是对疾病的整体诊疗,做到表本同医。吴阶平院士也说过这样一句非常深刻的话:"西医是治人的病,中医是治病的人。"一个颠倒,恰恰反映了中西方思考方式的区别。西方注重每一个具体事物的实证分析,尤其注重模式的构建,包括诊治,常常是头痛医头,脚痛医脚。

现代医学在专业化还原的策略下分工越来越细,致使整个医疗系统和疾病治疗的实施过程逐渐趋于"破碎化"。但事实证明,几乎所有复杂性疾病都受到多因素和环境的影响,同一种疾病的不同亚型,以及不同疾病之间又有着复杂的关联。因此,中医往往强调"头痛医脚,脚痛医头"。中医学认为,人体是一个有机整体,人体的形体组织及五官九窍都可纳入以五脏为中心的藏象系统。通过经络的联系,把人体所有的脏腑、器官、孔窍及皮肉筋骨等组织连接成一个统一的整体,气血津液得以运行畅通。中医学认为不但人体是一个整体,而且人与自然环境、人的机体与精神也是一个整体。这就是所谓的"天人合一""形神合一"。这种整体论以阴阳五行为基本理论,用阴阳说明其对立统一,用五行说明其相辅相成与相反相成的关系。

那么,究竟什么是大,什么是整体,什么是全局,这要因人、因事、因时而异。也就是说,这个大局或整体对每个人、每个时期是不一样的。总的来说是把握总体目标,坚持基本原则,掌握住事物之间的辩证关系和发展方向。"小"中不是不能见"大",甚至也能做大。毛泽东在抗日战争初期,就把游击战这种战术性的打法提高到战略的高度来研究和运用,形成了人民战争的伟大理论;而改革开放后的温州人能够

不拒其细,竟然把一个小纽扣做成了大买卖。这就是中国文化中"大"和"小"的辩证法。

在这种大局观指导下的系统思维方式正是:登高以远望,胸有全局;信息需丰富,准确判断;用发散思维,标新立异;计划要周密,果断决策;总揽大全局,把握细节;举重若轻,稳操胜券。

当然,我们也不否认自己的弱项,就是中国古代这种注重大局、整体的观念与思维方式,更偏重综合,而弱于分析,有些概念带有一定的模糊性。卫生部原部长陈竺先生说得非常到位:西医看到的是清晰的局部,中医看到的是模糊的整体。这不仅指明了二者的区别,也论述了二者的优缺点。

这种大而化之的特点,常让今人难以把握或操作。因为它过分强调个人的悟性,所以往往给人一种玄虚的感觉。这也是我们需要向西方科学分析方法学习的地方。

"以人为本"的儒家思想

谈到以人为本,很多人都会以为这是来自西方文明社会的观念,其实这恰恰是他们在启蒙运动中向东方借鉴的思想。别忘了,在欧洲黑暗的中世纪是"以神为本"的,工业革命前期的所谓"泰勒制"则是不折不扣的"以物为本"或"以事为本"。而在两千多年前的儒家思想中却闪耀着"以人为本"的思想光辉。

第三章 文化之诚
数典忘祖最可怕

提到儒家,有人马上会先入为主地想到,这是维护封建统治的工具,其实这种认识是被后人误导而扭曲了的认识。通读孔子、孟子的论著,我们会发现,在他们的学说中早已体现了民本思想的萌芽,其中还不乏反对君主专制的思想。"仁政"可以说是他们治理思想的核心。在谈到什么是"仁"时,孔子明确回答"爱人",而在孟子那里更是有着"民为贵,社稷次之,君为轻"的著名论断。孟子甚至更加明确地指出:君之视臣如手足,则臣视君如腹心;君之视臣如犬马,则臣视君如国人;君之视臣如土芥,则臣视君如寇仇。据说这些"反动"言论竟然得罪了一千多年后的大明皇帝朱元璋,他一气之下差点把孟子的牌位轰出曲阜,而且下令把孟子关于反对君主的这些话全部删掉。

至于把孔孟之道作为统治工具,应该始于汉代董仲舒的"罢黜百家,独尊儒术"。了解中国哲学发展史的人完全明白,此时的儒家已经不是原来的儒家了,而变成了"儒法合流"或"外儒内法"。说得再明白些,人们之间的关系由原来的双向尊重变成了下级对君主的绝对顺从,变成了"君要臣死,臣不得不死;父要子亡,子不得不亡",成了单向的盲从。

近些年来的"长官意志"和强拆等侵犯百姓利益的做法,完全与仁政背道而驰,成为被百姓深恶痛绝的恶政。所以,在党的十八大文件中,谈到我们党的治理理念时不仅多次提到以人为本,还更多地强调以民为本。

什么是"天人合一"

谈到这个观点,有些人又会以为这是一种迷信思想,认为就是要服从冥冥之中的天意。这又是一个天大的误解。关于天人合一的思想,在《道德经》和《论语》中都有明确论述。

在先哲那里,所谓的"天",实际上指的是自然规律。他们明确指出,人类只是大自然的一部分,人类的一切活动都要遵从自然规律,否则就会受到大自然的惩罚。正所谓"天地不仁,以万物为刍狗",也就是说大自然是不讲客气的,你破坏了它,它就会疯狂地报复你,人类在大自然面前宛若刍狗一般。遗憾的是,近代的人越来越盲目相信科学的神力,认为它无所不能,可以人定胜天。其始作俑者就是西方的工业革命,自此西方社会进入工业文明并向全球蔓延。

到了20世纪,科学被所有"现代"国家纳入国家体制之内,成为社会结构中的一部分。应该说,科学技术从远古时代萌芽以来,一直伴随着人类社会共进步同发展。人类在推动着科技发展的同时,享受着科技成果给予的各种恩惠。依靠科技,人类摆脱了贫穷、愚昧和落后,促进了社会生产力的发展,创造了高度的物质文明。遗憾的是,这种科学也在不断地毁灭着文明。因为它在为人类创造巨大的物质财富的同时,也破坏着我们赖以生存的世界。在这种"科学—技术—产业扩张"的过程中,社会整体的利益、底层民众的利益、大自然的利益、环境与生态问题,则被忽略、淡化、掩盖,受到严重伤害。

所以有人认为，科技发展的极致，或将是人类的毁灭。所以西方有人说，能够拯救人类的将是古老的东方哲学。我们讲的人定胜天并不是对大自然的野蛮掠夺和破坏，而是顺天命而行之，是巧妙使用大自然给予我们的馈赠，同时尽一切力量保护自然。关于这一点，我们又非常遗憾地看到：当西方人逐渐明白了这一道理之后，我们的很多干部却为了眼前利益重蹈着人家的覆辙。这又是一大悲剧。

伦理道德观

下面要谈论的，可以说是东西方文化之间一个最大的差异。大部分西方国家属于宗教国家，不管那里的人们是信仰天主教，还是基督教，抑或东正教，其上至政治领袖下到平民百姓，基本上都是非常虔诚的宗教信徒。去过西方国家的人应该都会注意到，在他们的国土上基本每个村子都有一所教堂，不管他们每星期多忙，都要到教堂里做一次弥撒，有的还要在上帝面前真诚忏悔，把自己内心的一些邪恶暴露出来。为什么？因为人家虔诚地认为：上帝的眼睛在注视着自己。

这一点，颇像咱们一些老百姓说的：人在做，天在看，头上三尺有神明。但这些话在咱们这里有时仅仅是说说而已，不像人家那么真信。人家总是感到冥冥之中有人（上帝）在监督着、约束着自己的言行。讲到这里，有人会说，谁说咱们没有宗教，起码咱们有自己土生土长的道教，而且还有佛教，等等。这里且不论道教的内容庞杂，是到了汉代以后才出现的。中国客观上讲并不是一个宗教国家。在先秦时期，应该说没有宗教，我们的祖先崇拜的是天、地、鬼神，所谓鬼神实际就是祖先。因此，我们是敬天、敬地、敬祖宗。至于后来出现的各种宗教，在发展中变成了一个东北大菜——乱炖。

这种说法似乎有点大不敬，但我们看很多宗教场所，常常是几教合一。我非常佩服老百姓丰富的想象力和融合能力，他们常常能把佛教和道教，以及其他的什么教有机地"揉"到一起。说得再露骨一些，中国的很多信徒貌似虔诚，其实他们和西方国家的信徒不太一样，并不是那么真诚，而是功利性很强，常常是揣着一种和佛祖做买卖的心态在祭拜。有时我看到一些善男信女在那里拜佛，心中会觉得好笑，他们哪儿是真信，分明是在和佛祖谈生意。有的人在摊上花高价买下几柱高香，的确心疼，于是在拜佛时暗暗祷告，"这香是'洒家'花上千元买的，你得保佑我今年挣一百万。"你看，这是不是在和佛做买卖。所以很多人去寺庙烧香叫"许愿"，将来兑现了，那是"心诚则灵"，于是还得去一次，那叫"还愿"，也就是把今年挣的剩余利润分一部分给佛祖。一个许愿、还愿的程序，说穿了就是一笔买卖成交的程序。那如果兑现不了呢，对不起，明年俺可能就要改弦更张信别的什么大仙了。更有甚者，很多贪官竟然把贪来的赃钱在佛像下面放上一段时间，叫作"洗干净了"，然后心安理得地享用。这种做法简直是在亵渎神灵。

说了这么多大不敬的话，那么中国人靠什么来凝聚人心呢？靠的是伦理道德。所以有人说西方把信仰变成了宗教，中国人把信仰变成了道德。这正是东西方一个最大的差异。什么是道德？管子有句话说："礼义廉耻，国之四维。四维不张，国乃灭亡。"后来又增加了孝悌忠义。这就是中国人的大道德。

这里不妨从一个民间的说法讲起。有时我们骂一个人无耻叫作"王八蛋"，其实原来的说法叫"忘八端"，"王八蛋"是由"忘八端"演变而来。哪"八端"呢？就是上面讲的礼义廉耻、孝悌忠义。如果一个人不讲这八样了，就是"忘八端"，后来渐渐变成了"王八蛋"的谐音，当然这种人也只有当王八蛋的份了。关于这"八端"，用不着多解释，大家都能明白其含义。这就是我们做人的底线，是我们凝聚人心的命脉。在这"八端"中，孝应该放在第一位，"百善孝为先"，这正是中华民族的传统美德。

很难想象，一个不孝之人能有什么忠诚信义可言。因此，不忘"八端"才能做到和谐，从小处说叫"家和万事兴"。"和谐"是我们历朝历代追求的理想社会。遗憾的是，这些年来这个维系我们关系的纽带正在被市场经济的大潮冲得七零八落、摇摇欲坠，导致了前面所说的感情冷漠、道德滑坡、诚信缺失。如果任由这种现象发展下去，我们的民族将会变成一盘散沙。

文化必须复兴

中国要崛起，文化必须复兴，文化复兴是实现中华民族伟大复兴的根本。百岁"国学泰斗"饶宗颐先生说过：中国将踏上文艺复兴时代。他进一步明确地说：21世纪，必将是"东学西渐"的世纪。这话说得一点也不过分。首先，从对内的角度讲：中国近代史上没有一个文艺复兴运动。大家知道，任何一场革命都需要有一个思想解放运动做先导。比如，在西方的资产阶级革命之前，曾历经了几百年的以复兴古希腊文明为旗号的启蒙运动。而我们却缺了这一课。正因为缺了这一课，才出现了很多问题，所以现在必须补上。其次，从对外的角度讲：我们要自立于世界民族之林，必须有我们的话语权，说话要有底气，必须要有我们民族的语言。别忘了，这些年当我们在向西看的时候，世界也在向东看。

社会主义核心价值观明确提出"三个倡导"，这正是文艺复兴开始的标志，是符合历史发展的伟大潮流的。所谓"三个倡导"，指的是社会主义核心价值观,包括国家、社会和个人三个层面(见下图)。

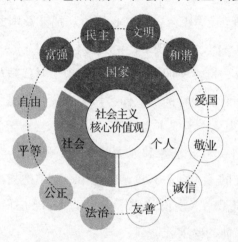

正是这"三个倡导,十二个词",构成了一个完整的科学的体系。其中对个人的要求是"友善、诚信、敬业、爱国",这四个方面有着严谨的逻辑递进关系,友善是基础,爱国是我们的崇高理想。社会层面上是"法治、公正、平等、自由",在这四个要求中法治是基础。现在有些受西方价值观影响的人,一味地把个人自由放在首位,但是如果没有法治会出现什么状况?须知,没有法治的自由那只能是无政府主义横行,是用少部分人的自由来侵犯大多数人的自由。在国家层面上是"和谐、文明、民主、富强",唯有和谐才能体现文明和民主,才能实现富强的目标。这应该是几千年来无数仁人志士的追求。

这个核心价值体系绝不是无源之水,而是"三江并流":中华优秀传统文化、马列主义和时代精神。中华优秀传统文化是基础,是

"根"；马列主义是指导思想，是"脉"；时代精神是"流"，是活力。如习近平同志所言："社会主义核心价值观把涉及国家、社会、公民的价值要求融为一体，既体现了社会主义本质要求，继承了中华优秀传统文化，也吸收了世界文明有益成果，体现了时代精神。……中华文明绵延数千年，有其独特的价值体系。……我们提倡和弘扬社会主义核心价值观，必须从中汲取丰富营养，否则就不会有生命力和影响力。"

2014年5月，习近平在和北大学子们讲解核心价值观时，又进一步把它和古老的《大学》有机结合在了一起。他指出："格物致知、诚意正心、修身是个人层面的要求，齐家是社会层面的要求，治国、平天下是国家层面的要求。"

习近平同志的这番话非常有新意，应该说对儒家传统思想作出了独到诠释，既体现了核心价值观的历史传承性，又对《大学》中的三纲八目进行了新解。

对社会主义核心价值观的重大意义，如果把它放到历史的进程中，怎么高度评价它都不为过。打个比方，如果说1978年关于真理标准的大讨论，吹响了思想解放与改革开放的号角，那么核心价值观的提出就是全面深化改革的思想保证，它开启了中国文化复兴的道路。另外它又是一把尺子，用来衡量社会上每个人、每个团体与组织的行为，是反腐倡廉、端正党风、引导民风的道德基础。

我们还是用习近平的话来做一下总结吧：确立反映全国各族人民共同认同的价值观，关乎国家前途命运，关乎人民幸福安康。

第四章

信仰之诚

不问苍生问鬼神

这些"大师"们固然可恨与可恶,但更可悲的是那些对他们顶礼膜拜的人。在科技发达的今天,竟然有那么多人拜倒在他们脚下。这其中不乏明星大腕,不乏一些高级知识分子,更不乏什么企业家和共产党的高级干部。

这个领导"我什么也不信"

一个国家与民族的软实力根基在文化,而文化的核心则是信仰。这里先从一个党员干部的"真言"讲起。

记得有一次在某大型国企讲课,课间有一位人力资源部长曾经和我谈到某些职工有"迷信"倾向。他义愤填膺,认为这种倾向必须引起注意并加以制止。我完全同意他的这个观点,然后顺便问了他一句:"请问阁下您信奉什么?"本以为他会回答信奉马列主义,然而让我想不到的是,他竟然毫不迟疑地回答:"我什么也不信!"

这个回答大大出乎我的意料,而且让我惊出了一身冷汗。真想不到,这种回答竟然出自一个共产党的干部之口。搞封建迷信固然不可取,但一个共产党员如果走向另一个极端,变成什么都不信了的话,那么他早已经不是共产主义的信徒了。而一个什么都不信的人,甚至比那些还信点什么的人更可怕,因为他什么事情都敢干了。

这本来不是问题的问题,现在已经成了最大的问题。因为一批曾经在党旗面前庄严宣誓要坚信马列主义的人，现在竟然什么都不信了，这也正是某些干部走向贪腐的根本原因。马列主义、共产主义在他们心目中其实已经什么都不是了。

最近中纪委提出要严查裸官问题，实际上也暴露了这一点。这些裸官们，一方面在台上信誓旦旦大谈理想与信仰，一方面却悄悄地把自己的妻子儿女转移到了国外，同时把自己的不义之财也转移到了国外。说穿了，他们其实已经对共产主义失望了，对党和国家的前途从内心深处绝望了，他们在给自己留后路。由此看来，在那些整天反对"西化"的人中间，实际上藏着一批骨子里早已经"西化"了的信徒。信仰成了他们心中不屑一顾的自欺欺人的陈词滥调。

他们究竟信什么

说"什么都不信"，其实对他们来讲也并非实话。他们还是有"信仰"的，他们信钱、信权、信"五子登科"、信为自己和整个家族捞取好处。

一切向钱看

这些年来，我们一直宣传"让一部分人先富起来"的口号。确实，近几十年不少人通过自己的诚实劳动,摆脱了贫困,走向了富裕之路,这是不容否定的。但我们也不无失望地看到,这个"先富"论已经被某些人歪曲后,变成了肮脏的"第一桶金",变成了不择手段的攫取财富。正是在这种歪风的盛吹下,社会上已出现了全民趋利化的趋势。

正所谓"天下熙熙,皆为利来,天下攘攘,皆为利往"。君不见从保家卫国的军队到为人民服务的政府机关、从教书育人的学校到治病救人的医院,不同的阶层、不同的部门都在为一个字奔走着,那就是"钱"。从一开始羞羞答答地批评"一切向钱看",到现今的公开言利,还美其名曰:创收。为了创收,可以不顾一切,甚至不讲道德。于是,一些原来被我们祖先所唾弃的口头语,诸如"有钱能使鬼推磨""人不为己,天诛地灭"等陈腐观念又公然回潮并大行其道。

所以,一个问题尖锐地摆在了我们面前:我们有了钱后又怎样?现在不少人有钱了,突然感到生活空虚了。有人在问:我们活着到底是为了什么?这种话,竟然也出现在一些群租房楼道的墙上,字体歪歪曲曲,估计是一些民工写的。看来大家都开始迷茫了,无论是有钱的,还是没钱的。没钱的,仍然在为他们的有钱梦而奔波着;那些"先富起来"的人,则开始变着法儿的"烧钱"。从富豪俱乐部到"EMBA",从沙滩、美女、游艇到赌场、高尔夫球场、红灯区,他们在这些地方声色犬马、斗鸡走狗,过着醉生梦死的生活。至于所谓的演艺圈,早已褪去了原来社会主义文艺工作者的光环,重新变成了旧社会混迹于

十里洋场的"艺人"。他们之中更是丑闻不断,不少人用吸毒刺激灵感,用换妻、嫖妓、找小三等各种绯闻提高知名度。这些所谓的公众人物不顾廉耻的纵欲,给当今的年轻人以极大的负面影响。于是,这种生活方式,成了年轻人艳羡的目标和追求。

求神拜佛

当然,做这些事毕竟心虚,于是为了填补空虚的头脑,安慰罪孽的灵魂,这些人开始走向了求神拜佛的道路。有的人为了升官保官,公然烧香拜佛,有的人为求封妻荫子,看风水,迁祖坟,求神问签。

其实,他们并不是真正有信仰,真正信佛,他们真正信奉的是一些能够麻醉其心灵的高级骗子。世界上只要有需求就有生产,有"信"的,就有"装"的。近些年,早已被扫荡干净的封建迷信的东西又沉渣泛起,一个个"大师"横空出世,一个个"大仙"当众显灵,被人们顶礼膜拜。这不禁让我想起一首古诗:宣室求贤访逐臣,贾生才调更无伦。可怜夜半虚前席,不问苍生问鬼神。

这首诗,是唐代著名诗人李商隐哀叹生不逢时的贾谊的。贾谊是西汉初年的著名政论家、文学家,世称贾生。他少有才名,而且甚有见地和抱负。汉文帝登基后,贾谊被人举荐担任博士之职。由于贾谊敢于针砭时弊,对时政每每有精辟见解,所以遭到元老们的妒忌,汉文帝于是疏远了贾谊,不再采纳他的意见。文帝四年(前176年),

贾谊被外放为长沙王太傅。在长沙谪居三年后，汉文帝想念贾谊，征召入京。满怀希望的贾谊到了京城之后，还以为可以施展抱负，遗憾的是，文帝根本不向他征询国家大事，而是在未央宫祭神的宣室接见贾谊，和他探讨鬼神的事情。这让贾谊非常失望，尽管贾谊多次上疏，但文帝并没有采纳他的意见，也没有对贾谊委以重任，只是把他分派到梁怀王那里去当太傅。命运多舛的贾谊是在失望和忧郁中死去的，死时年仅33岁。

李商隐的诗歌一方面哀叹了贾谊的命运，另一方面则讽刺了领导者们崇尚鬼神而疏于黎民百姓的腐朽。当我们感叹贾谊的命运与时代时，不无遗憾地看到，这种现象竟然在两千多年后的今天重演。

巫术邪教

近些年来，从李洪志的法轮功到张悟本的一把绿豆治百病，从骗子道长李一到三流变戏法的王林。这些所谓的"大师"们骗术并不高明，他们搞的那一套，说重一些，其实连封建迷信都不算，而是民间跳大神的巫术，是一些登不了大雅之堂的"下九流"。

这些"大师"们固然可恨与可恶，但更可悲的是那些对他们顶礼膜拜的人。在科技发达的今天，竟然有那么多人拜倒在他们脚下。这其中不乏明星大腕，不乏一些高级知识分子，更不乏什么企业家和共产党的高级干部。有调查发现，现在有相当一部分政府官员信奉这一

套。这也从另一个侧面反映了,我们某些干部共产主义信仰缺失到何等严重的地步。

《中庸》里有一警句:国家将亡,必有妖孽。民国时期有人也曾说过:每逢乱世妖孽生。这里我们不是说今天是"乱世",但必须承认,现在人们价值观已经混乱到相当严重的地步,再加上某些干部和媒体的推波助澜,才使得这些骗子风光于庙堂,招摇于民间。稍有历史常识的人都知道,这些骗子现象其实并不新鲜,无论哪朝哪代,每逢异变,必有妖僧妖道兴风作浪,他们过去被统称为"妖孽",而这些妖孽的价值就是妖言惑众、蛊惑人心。当这些妖孽猖獗到一定程度时,必然会发展会众,进而形成一种等级森严、管理严密的组织,于是就由一般的巫术发展成为邪教。一般在王朝更替时,也往往是邪教横行之时。他们往往成为"起义"的先兆。因此,所谓邪教不同于传统的宗教。它们归纳起来有如下几个特点:第一,剽窃某些正统宗教的观点,形成自己所谓的教派,这些"妖孽"往往自封为教主;第二,干预政治(真正的宗教是远离政治的),甚至在朝廷内部发展会众,作为内应,以推翻现政权为目标;第三,常常打着治病救人的旗号来收揽民心,如果任其发展下去,必将是祸国殃民。

所以我们必须清醒地意识到,最近接连冒出来的一些"大师",绝不是几个骗子的事情。如果任其泛滥,将会搅乱人们的思想,败坏官风,严重者肯定会危及政权。

让一部分人先信仰起来

历史一再证明：一个没有信仰的民族是没有前途的。把这句话反过来，也可以这样理解：一个民族有信仰，即使亡国后还可以复国。比如犹太民族，他们在几千年中历经磨难，数次亡国，而后又坚强地站了起来，支撑他们的就是其顽强的民族精神。反之，如果一个民族没了信仰，即使富得流油，也如行尸走肉，会很快走向衰亡。所以，对一个国家来说，国民的共同信仰应该是这个国家的"国魂"与"国品"。对一个人来说，人品最重要，而最大的人品问题在于一个人有没有信仰。

因此，我们不能不吸取历史的教训。据说古罗马灭亡的原因之一，就是其末期全民陷入一种无耻的纵欲和狂欢当中。奴隶主们穷奢极欲，过着荒淫无度的生活。皇帝为了炫耀帝国的豪华，经常假借各种节日和纪念日举行盛大活动。公元106年，图拉莫皇帝为纪念他在达西亚的胜利，连续举行123天的节日娱乐。公元4世纪，一个大官僚为儿子举行游艺庆典，7天就花了2000磅金子。宫廷内的奢侈腐化更是有恃无恐，仅御用美容师就多达数百人。事实证明，一个物欲横流的社会就是这样毁了自己。

于是，当我们喊惯了"让一部分人先富起来"的时候，是不是应该高呼一声："让一部分人先信仰起来。"

讲到这里，我们自然会问：让一部分人先信仰起来，究竟是"让谁"？"信仰"什么？我认为，首先是让我们的党员干部先"信仰"起来。作为一名党员干部，应该毫无疑义地信奉马列主义，为共产主义奉献终身。

如今，我们的党已成为拥有八千多万党员的世界上最大的执政党。那么，在这个数量的背后，党员队伍的质量究竟怎样？必须承认，这些年来我们的党建工作处于薄弱状态：一方面是入口把关不严，很多抱着靠入党来"捞一把"的人混入了党内，这些人的入党动机本身就不纯，难怪他们会讲出"什么都不信"的实话来；另一方面是一些党龄不短的人也渐渐在市场经济的冲击下，淡化了共产主义信念，意志薄弱，成为资产阶级思想的俘虏，在群众中产生了极坏的影响。入党对于一些人来说，已经成了捞取好处的捷径。说句危言耸听的话，假如靠这种人来管理我们的国家、政府、企业，将会把我们引向何处？

所以，当我们在对干部加强理想信念教育的同时，必须把这些假马列主义者清除出队伍，以保持党的纯洁性。

别让"不战而胜"成为现实

如果说,加强信仰教育的一个主要群体是干部队伍,那么另外还有一个重要群体——年轻人,也需要加强信仰教育。年轻人关系着民族的未来,他们之中的部分"精英"已经走上官场,而这部分人的信仰现状实在令人担忧。

如今的年轻人,是在改革开放的年代里长大的,基本上没有接受多少传统的教育。物质上,他们享用的是麦当劳、肯德基等垃圾式洋快餐;精神上,接触的是西方的动画、摇滚和各种殖民式思潮。他们小的时候无忧无虑享受着改革的成果,当他们长大之后却突然感到了生活的艰辛。因为父母已经没有能力满足他们成年后的各种需求,如满意的住房、高薪的工作等。这种心理落差给他们带来了困惑,让他们彷徨。此时,通过各种媒体传播进来的娱乐式快餐文化却以所谓"现代化"的面目一步步诱导着他们,尤其是西方一些腐朽的价值观和审美观,像"非典"和"埃博拉"病毒一样在这个群体中快速蔓延,侵蚀着他们的肉体和心灵。

至今让人记忆犹新的是,一个姑娘在某个节目当中那句让人"振聋发聩"的话:"我宁愿坐在宝马车里哭,也不愿坐在自行车上笑。"可见,他们的心理是何等的"唯物主义"。他们中的相当一部分人,

追求优裕的生活,却又没有创业的思想准备,有些人希图通过不择手段的扬名来获取财富。于是,所谓的"凤姐"出来了,"芙蓉姐姐"出来了,"伪娘"和"中性美"成了时尚,更有不知耻者如"干露露""郭美美"等被包装后,在虚拟社会和现实社会中搅动着众多年轻人的神经。她们已经完全没有了羞耻感,通过认"干爹"上位,通过被包养并不断发出各种"雷人"的语言,来挑战我们这个民族的道德底线,败坏着整个社会的风气。

等而下之者,则在怨天尤人中继续剥削着他们已经年衰力竭的父母,"啃老"成为他们无奈而可悲的选择。最近在一个电视节目中,有这样一对年轻的夫妇堪称"典型"。

一个将近三十的小伙子,"大学"(即那种收费即发证的野鸡大学)毕业后没有找到一个让他"满意"的工作,在家里无所事事整天上网。年迈的父亲倾其所有帮他成了家,他的太太也和他一样,每天睡到"自然醒"。他们把所有家务都抛给了老父亲(甚至包括女孩的内裤清洗),老父亲为了养活他们,将自己微薄的退休金全部拿出还不够,只能每天佝偻着身体去干让年轻人都无法承受的搬运工作。当主持人问小伙子为什么不去自食其力的时候,他(和她)居然振振有词地说道:"我们没有找到对口的工作,只好在家里等。"

进而他们又说出了一句令人愤怒的话:"他(指父亲)既然生了我,那就有义务养活我们!"

注意,他们已经到了而立之年,老父亲已年过花甲。如今,这种人在社会上不是个案,而是一个相当大的群体。他们敢花老人的钱而不脸红;他们敢花上一代人不敢花的钱而不心疼;他们对上一代人艰苦朴素的作风嗤之以鼻,却整天梦想和向往着高消费和新潮的生活;他们追求奢华,欣赏各种畸形的"美",于是以丑为美成了他们的时尚。在街上,我们经常可以看到一对对中学生模样的"情侣"在旁若无人地"激吻",一个个"伪娘"在搔首弄姿做出各种令人恶心的动作。这时,却有一些所谓的专家在用所谓的"人权""进步""解放"等怪论为这种怪相进行辩解。看到这种现象,每一个有良知的人在气愤之余不禁疾呼:我们这个社会究竟怎么了,难道这就是我们要的开放和文明?

这些令人担忧和痛心的现象,让我们不禁想起了20世纪50年代初美国的一批政客如杜勒斯、凯南之流的预言,当他们明白用武力难以撼动社会主义国家时,便打起了"和平演变"的算盘。也就是用西方的价值观、意识形态和生活方式,影响和改造社会主义国家人民,特别是第二代、第三代青年人的思想,使社会主义国家逐步变得对资本主义无害,逐步演变成和西方一样的"自由世界"。

美国前总统尼克松在他的《不战而胜》一书中说道:当有一天,

中国的年轻人已经不再相信他们老祖宗的教导和他们的传统文化,我们美国人就不战而胜了。

读了上面的话,我们有一种不寒而栗的感觉。对于这一点,其实毛泽东早就有敏锐的预见,他指出:"帝国主义说,对于我们的第一代、第二代没有希望,第三代、第四代怎么样,有希望。帝国主义的话灵不灵?我不希望它灵,但也可能灵。"

回顾这些论述,再看看今天的现状,我们要警惕:别让"不战而胜"真的变成现实。

"全民趋利"何时休

关于信仰与功利的轻重之辨,古已有之。它演化到社会治理方面,就形成了几种截然不同的治国之道,其核心也就表现为二者孰先孰后的关系。

孟子的"何必曰利"

前面我们谈到,西方把信仰演化为宗教,东方把信仰演化为伦理道德。因此,以儒家为代表的中国传统文化总是强调道德为先。孔子有一句名言:"君子喻于义,小人喻于利。"大意是说,君子做人"义"字当先。这种思想体现在国家治理方面同样如此。《孟子》明确阐明了这一点:"孟子见梁惠王,王曰:'叟,不远千里而来,亦将有以利吾国乎?'孟子对曰:'王,何必曰利?亦有仁义而已矣。王曰何以利吾国?大夫曰何以利吾家?士庶人曰何以利吾身?上下交征利而国危矣。'"这里的梁惠王就是魏惠王。当时魏国新败,魏惠王想振兴国家,征求治国良方,孟子闻讯而去,于是有了这段对话。

春秋战国是一个大变革的时期,也是一个急功近利的时代,孔孟之道在当时不是很流行。梁惠王对孟子的为人和理论也不是十分感兴趣,说话很不客气。一开头就管孟子叫作"叟",这是很不礼貌的一种称呼,即"老头子"的意思,然后直奔主题:"你不远千里到我这里来,对我们国家提高GDP有什么高见和帮助吗?"孟子也毫不客气地批驳了梁惠王的想法,鲜明地亮出自己的观点:"大王,你为什么整天说GDP呢?一个国家能够把仁义放在前面,加强道德建设就可以了。"注意,这种观点在那个时代显得非常迂腐,可是孟子进一步分析道:"一个国家的国君整天考虑'利',管理者们就会上行下效,整天考虑自己家族的利益,这必然会形成一种风气,全国的庶民百姓则整天考虑对自身有什么利益。长期下去,就会上下一块争利,你的国家也就危险了。"

孟子的话根本不迂腐,他考虑到了国家的长治久安,振兴国家必

须先抓道德建设，否则会形成官民到处争夺利益而毁坏道德的乱象。遗憾的是，这番话并没有被梁惠王接受。这也怪不得梁惠王，"言利"是那个时代的风气，谁又愿意听那些关于道德的说教呢？

孟子并不甘心，依然强调自己的治国方略，他一针见血地说道："苟为后义而先利，不夺不餍。未有仁而遗其亲者也，未有义而后其君者也。王亦曰仁义而已矣，何必曰利？"大意是说："如果把义放在后而把利摆在前，有些贪婪的人不夺得国君的地位是永远不会满足的。反过来说，从来没有讲"仁"的人抛弃父母的，也从来没有讲义的人不顾君王的。所以，大王只说仁义就行了，何必说利呢？"

司马迁的"善者因之"

像梁惠王这种指导思想到底能不能成功呢？我们不妨再讲讲西汉初期的历史。西汉初期，国家经济凋敝，亟须振兴，统治者们奉行无为而治的黄老之术。这种国策体现在经济管理上就是"善因论"，它的倡导者是史学家司马迁。

何谓"善因论"？就是国家不去过多干预经济，一切交给市场，由着老百姓的"所好"去发展。在《史记·货殖列传》中，司马迁对"善因论"进行了具体解释："善者因之，其次利道（导）之，其次教诲之，其次整齐之，最下者与之争。""善者因之"，是指最好的经济政策是顺应民间生产、贸易活动的自然发展。这是对西汉前期"萧、曹为相，镇以无为，从民之欲而不扰乱"政策的充分肯定。"利导之"，是指封建国家通过物质利益，运用经济杠杆，引导社会经济朝着利国利民的方向发展。"教诲之"，意为采取教化手段，鼓励人们从事某些经济活动，并劝阻人们不适当的经济行为。"整齐之"，指封建国家通过法律等强制手段来整治、调节人们的经济活动。司马迁认为这些经济政策都有一定的可行性，但不宜广泛推行。所谓"最下者与之争"，意为最坏的经济政策是国家直接从事经济活动，与民争利。

由上可知，司马迁反对政府与民争利、过分干涉民间经济发展，主张放任百姓自由发展。他的这一思想可用"善者因之"来概括。黄老学者慎到说：因也者，因人之情也。"人之情"指的是什么？司马迁认为，好利、好富是人的天性，为了追求物质利益，应该"使人各任其能，竭其力，以得所欲。故物贱之征贵，贵之征贱，各劝其业，乐其事"。意思是说，随顺人的欲望不加扰乱，能够使人的能力得到充分发挥，资源得到尽力开发和利用，人们的欲望都能得到最大满足；商品的供给和需求得以自然适应，商品价格也得到自然调节，各种生产、贸易都能自然、顺利地进行，社会物质财富也就自然增长，上富国，下富家，这种政策自然而然地实现最好的结果。这种"道之所符"和"自然之验"，就是司马迁"善因论"的理论基础。

司马迁从"善因论"出发，提出"富无经业"的观点，即发家致富并不靠固定的行业。他认为，贵族官吏靠爵邑俸禄和壮士赴难、暴

徒抢劫、妓女卖淫,以及从事农、工、商等经济活动,都是致富手段。但这里有本、末之别。司马迁把事农而富称作"本富",做工、从商而富称作"末富",采取不正当手段致富称为"奸富",认为"本富为上,末富次之,奸富最下"。

虽然划分了本、末业,但司马迁并没有轻视工商业的意思。所谓"本富为上,末富次之",只是以"危身"为标准,即从事农业生产属于简单劳动,是最稳妥的致富手段,经营工商业属于复杂劳动,若欲致富须承担一定风险。因为有这样的区别,所以"用贫求富,农不如工,工不如商,刺绣文不如倚市门"。司马迁其实特别重视商业,把商业看作社会生产活动的重要组成部分。司马迁还十分尊重商人,专门为先秦及汉初的一批商贾立传,记述他们的事迹和致富经验。

总之,司马迁的"善因论"及其经济观点,是对西汉前期"无为"经济的全面肯定和经验总结。

以上一大段论述中,核心要点是说人们都是"言利"的,"天下熙熙,皆为利来,天下攘攘,皆为利往"。既然人的本性如此,那就顺势而为,按照人们的趋利心态,怎样能迅速致富就怎样来。农民"脸朝黄土背朝天"地种地不如打工挣得多,而打工又不如做买卖来钱快,至于妇女呢,整天在家里绣花不如到外面做三陪来钱多,那就怎么挣钱怎么来吧。

尽管司马迁称之为"末业",但这种"末业"在当时是非常诱人的,谁不愿意迅速致富呢？这种政策非常见效，经过几代人的努力，国家富裕了。久而久之，其弊端也渐渐显现，贫富分化悬殊，社会风气败坏，致使西汉后期社会矛盾加剧，出现了"富者田连阡陌，贫者无立锥之地"的局面，最后农民大起义爆发。

"发家致富"是双刃剑

所以，我们应客观看待如何发展经济的问题。任何一种政策都有其两面性，或者说是一把双刃剑，有积极的一面，肯定也会有消极的一面。如果对其消极因素不加以制止，极有可能走向反面。

关于这一点，老子早有论述：天之道，损有余而补不足；人之道，损不足以奉有余。也就是说，如果不对人的"为己"本性加以约束，那么就会形成穷的越穷、富的越富的"马太效应"。当统治者解决不了这个问题时，那只好由老天来解决。老天或者通过天灾，或者通过农民起义的方式来"均贫富"。

在这里，我不厌其烦地讲这些历史，更多的是用于分析今天的现状。近几十年来，"穷怕了"的我们，为了脱贫，大胆鼓励老百姓通过不同的途径发家致富。这无可厚非。但在这个过程当中，我们似乎从一个极端走向了另一个极端，在鼓励"发家致富"的同时忽视了道德的教化与法律的约束。人们为了发财无所不用其极，已经没有了道德底线，各行业造假者层出不穷，江湖上诈骗手段花样翻新，让人防

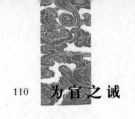

为官之诚

不胜防。社会层面出现了严重的道德滑坡，乃至"全民腐败"现象。这一现状值得我们各级领导者注意。

当一个国家全民趋利时，就会走向反面，出现孟子所说"上下交征利而国危矣"的结果。这种"上下交征利"还表现为社会角色的严重错位：现在，有的地方政府官员成了企业家，整天考虑的是经济指标的完成，甚至直接兼任企业的管理职位，自然忽视了政府职能的调控作用，由裁判员变成了运动员，在与民争利，表现为"乱作为"；而企业家居然成了教授，一大批企业家都挂着什么客座教授的头衔宣传着挣钱之道；教授则变成了企业家，在外面开着公司，被学生们称作老板。

设想一下，假如一个人体内各器官的职能严重错位的话，会出现什么结果？所以，当我们提倡发家致富的同时，千万不能忽视道德的培养，正所谓"君子爱财，取之有道"。

第五章
官德之诫
有德才能为官

时时刻刻把"德"挂在嘴上,这种人似乎是道德君子,其实是在作秀。他们处处表现的都是有意而为之的造作,这仅仅是世俗之德。真正的"德"是真实,绝不是伪装。所以"下德"之人始终不明白自己是谁,他们的心时时为外物所惑,故为"无德"。

德者才之帅也

在最近反腐风暴中倒台的干部,常常被冠以"道德败坏"的评价。我们也常常忧虑现在社会"道德滑坡"等。现在"道"与"德"已经合成了一个词语。究其本源,"道"与"德"实属两个不同的概念,不过二者又有着密不可分的关系。

什么是"道"?"道"和"德"又是什么关系?这是一个相当学术的命题,不是这本小书和本人的才力所能尽述的。我还是想围绕"官德"这个话题,谈谈自己的浅见。

符合"道"就是有"德"

要弄清"道"与"德"的本源,应该从《道德经》讲起,这部五千余言的道家经典就是阐述"道"和"德"内涵的。其实在老子那里,所谓的"道"就是世界万事万物的根本规律,这个规律是不以人的意志为转移的。《太上老君说常清静经》开篇就为这个"道"做了最好的注脚。老君曰:"大道无形,生育天地;大道无情,运行日月;大道无名,长养万物;吾不知其名,强名曰道。"

老君所描述的道之"生育天地,运行日月,长养万物",就是天

地自然之"德"的一种状态。天地自然不会因为这些"德行"而沾沾自喜,也不会因此居功自傲,到处炫耀。因为亿万年以来,宇宙万物都是按照这个规律一直这么运行着。因此"道"就蕴含在天地运行当中,按照规律运行就是"道"的"德行"。

什么是"德"?对此,魏晋时人王弼曾于《老子》三十八章中作过这样一个著名的解释:"德者,得也。常得而无丧,利而无害,故以德为名焉。何以得德?由乎道也。"同时,他又于《老子》五十一章中再作解释道:"道者,物之所由也;德者,物之所得也,由之乃得。"这一释义可以说为老子的"德"做了再清楚不过的注脚。如其所言,"何以得德"?曰:"由乎道也"。也就是说:符合"道"就是有德,若没有这个"道",所谓"德"是根本谈不上的。

《管子·心术上》里也有类似论述:"德者,道之舍,物得以生生,知得以职道之精。故德者得也。得也者,其谓所得以然也。以无为之谓道,舍之之谓德。故道之与德无间,故言之者不别也。间之理者,谓其所以舍也。"

无论是管子还是王弼,都反复强调一点:德者,得也。得什么?就是得道。这就告诉我们:"道"中蕴含着"德","德"必须符合"道"。所以"道之与德无间"。尽管"言之者不别",但这并不意味着,"道"就是"德",而"德"就是"道"。换句话说,尽管"道之与德无间","言之者不别",但在古典时代,二者还是有区别。"道"需要通过"德"

来表现，故"道"为"德"之体，是"德"的本源，而"德"为"道"之用，是"道"的具体体现，二者互为体用关系。"体"要通过"用"来表现，"用"必须以"体"做基础，二者密不可分。

"德"绝对不是装出来的

既然"道"无法想象，描述起来也很困难，圣人就通过"德"之用，进而让后人感悟"道"之体。故《道德经》五十一章又云："道生之，德畜之，物形之，势成之。是以万物莫不尊道而贵德。道之尊，德之贵，夫莫之命而常自然。故道生之，德畜之；长之育之；成之熟之；养之覆之。生而不有，为而不恃，长而不宰，是谓玄德。"这就是上德"无为而无不为"的一种状态。老子想让我们通过上德的状态感悟"道"的本体，进而领悟大道的奥妙。

老子对"德"的认知还有一句更加直接的说明："上德不德，是以有德；下德不失德，是以无德。"这段话非常值得我们今天的领导深思，它是说具有"上德"之人从来不处处表白自己有德，因为一切皆为自然，是自己应该做的。在上德之人的生活中，处处体现的就是与自然相合的自然之德，毫无矫揉造作之态，都是本心自然的流露，故为有德。

"下德"之人则表现为急功近利，时时刻刻把"德"挂在嘴上，这种人似乎是道德君子，其实是在作秀。他们处处表现的都是有意而

为之的造作,这仅仅是世俗之德,岂不知世俗之德会随着时间的变化而变化,真正的"德"是真实,绝不是伪装。所以"下德"之人始终不明白自己是谁,他们的心时时为外物所惑,故为"无德"。

上德之人的德行始终如一,没有变化,一直会为世人称颂,可做后人的楷模;而下德之人所作所为,时时处处标榜自己"有德",这种人可能风光一时,结果反被后人唾弃,遭到无情批判。因此,"德"绝对不是装出来的,它是发乎内心的一种真实。

这就是"上德"与"下德"的区别。这是圣人为我们指出的一条修行悟道之路,明确而简洁。这就是大道之"德",上上之"德"。

官德,就是"有德才能为官"

根据上面的一番考据,我们是不是可以这样理解:道是规律,德就是认识、得到客观规律并按客观规律办事。在这方面,儒家和道家的解释不尽相同,但反映到社会层面上则是大道相通的。道家站在自然的角度、宇宙的高度,看待和解释世界。儒家把"道"直接用于人事,直指人心,倡导真善美。在儒学经典《大学》中开宗明义就说:"大学之道,在明明德,在亲民,在止于至善。"意思是说,遵道就是显扬美德,革新民习,以达到至善。这与道家的"只有尊重规律,才是上上之德"的观点殊"道"而同归。只不过儒家是把"道"推广到了伦理层面,只要处处为百姓着想,就是按照客观规律办事,就是有道德。所以，儒家教导人们做人要重道德修炼，讲究气节操守。自古以来，中华民族正是在这些教诲的引导下，把道德的追求作为人生的主导，作为衡量人生意义与价值的标尺。于是，每个行业便有了每个行业的道德，这叫"职业道德"，又叫"操守"。

回到我们的主题，对于干部来说，这就叫"官德"。作为一名官员，除了要具备做人的起码准则，还要成为百姓的楷模。从孔子开始，就将中国政治的源头——传说中的"三皇五帝"，说成是一种道德政治的中心人物，"为政以德"成为基本的政治原则。中国文化的道德人文主义取向也一直未曾中断地延续下来。

这种以道德为追求目标的德行文化，强调自我修养，将内在仁心扩而充之，从而实现内心自足、完美无缺的人生。在规范人伦、维护社会秩序方面，道德成为一代代仁人君子的不懈追求。历史发展到今天，它又被赋予了时代的新含义，那就是作为一名共产党人，最大的道德就是奉献自我，为人民谋幸福。

治长以德，治短以术

前面简述了道与德的逻辑关系，那么德与才的关系也就不言自明了。关于德与才之间的关系，司马光在《资治通鉴》中有精辟论述："才者，德之资也；德者，才之帅也。"意思是说：德为才提供导向、精神动力和思想保证，才为德打好知识和技能的基础。但必须明确一点，

为官之诚

那就是德才兼备,以德为先。

讲到这里,我们不无遗憾地看到,有个别人随着级别的提高,忽视了道德品质的修养,逐步滑向了犯错误乃至犯罪的深渊,实在令人痛心。据我观察,这些人的"才"似乎都非常高:首先,他们的智商不可谓不高,他们的眼神里总是透着那么一股子精明;其次,他们的情商也不可谓不高,在处理人际关系和自我情绪的调整方面不亚于心理咨询师;最后,其业务能力都非常强,不少人都是从基层业务部门一步步拼搏上来的。然而,因为缺少"德商",他们往往在春风得意之际栽了大跟头。

随着时代发展、竞争加剧,我们必须提高工作能力和执政能力,可如果没有职业操守,能力越强,反而为害。一个人、一个企业乃至一个民族,如果失去了道德底线,失去了社会责任感和诚信,绝对没有发展前途,甚至自毁前程。

客观讲,这么多年来我们讲"争"讲得太多了。曾经我们"以阶级斗争为纲"强调的是斗争,后来又把丛林法则拿来,时时处处讲竞争,始终离不开一个"争"字,以至于争得人心浮躁、诚信缺失。殊不知中国文化中"和"字的珍贵,心地的平和、社会的祥和才是最美好的。而要达到这一点,都离不开道德。套用一句关于健康重要性的话:健康是1,其他一切都是0。在这里我们说,对于一个人或一个企业来讲,道德是1,其他各种能力都是0。随着各种能力的提高,数字会越来越大，可一旦把前面的 1（道德）去掉，那么全部将化为乌有。

历史一再证明：大胜靠德，小胜凭智；治长以德，治短以术。我们不否认各种智慧传承的必要，但做人做事还是阳光一些为好。

常存敬畏之心

人们常说"无知者无畏"，其实无德者更加"无畏"。对这种人来说，一旦"缺德"，就没有什么可以约束他，也没有什么可以顾忌的了。

"缺德"是种时代病

这种人的大量出现，和整个社会大环境有关。在中国历史上，春秋战国就是一个道德滑坡的时期。这个观点好像颠覆了人们以往的认识，一提起这个时期，人们马上会想起"百花齐放，百家争鸣"的热闹场面。这的确是事实，但我们更要看到这一现象背后的大背景：孔子痛斥为"礼坏乐崩"，孟子也形容那个时代"春秋无义战"。在那几百年中，充斥着唯利是图的风气，无论是诸侯还是士大夫，无论是知识分子还是平民，都在为实现自己的"目标"奔波着，互相挞伐、算计着。关于这一点，只要看看那个时期各流派中谁最吃香就明白了。

为官之诫

在当时,诸子百家中的儒家是根本不受统治者青睐的。为什么?儒家显得"太迂"。"一箪食,一瓢饮,在陋巷,人不堪其忧,回也不改其乐",值吗?谁不喜欢香车、宝马、美女?谁不喜欢住豪宅、别墅?什么"青史留名"?死了以后谁看得到?人生苦短,为什么不趁活着先享尽人间富贵?

所以,那个时期"成功学"大行其道,儒家在那里喋喋不休地宣扬什么道德礼仪,没有人理你。孔、孟两位圣人在世时混得很惨,他们都是"不识时务"的倒霉蛋,到处宣传却到处碰壁,诚如孔子所言:惶惶如丧家之犬。

吃香的"成功学"

在当时什么人吃香呢?阴阳家和纵横家,当然还有帮人打仗的兵家等。

首先看看阴阳家。本来阴阳五行是中国人对世界的一种朴素唯物主义认识,到了春秋战国时期,却被某些政客变成了为统治者篡位寻找的理论根据,叫"五德始终"。比如,为什么我能篡你的位?因为我能克你,所以这是符合天意的。阴阳家中最有代表性的人物是邹衍。邹衍这个人在当时可不得了,走到哪里都受到最高礼遇,出门有豪车,住店有五星级宾馆。据史书记载,他先是"受重于齐"。齐宣王是一位雄心勃勃的君主,他不仅决心要像齐桓公那样称霸诸侯,而且要"王天下"，即统一中国。齐闵王的野心更大，不仅要称王，还要称帝。《史记·田敬仲完世家》记载：三十六年，王为东帝，秦昭王为西帝。

邹衍的学说，正是为新统治者设计的政治方案，因此他本人及其学说受到了齐宣王和齐闵王的高度重视，"是以邹子重于齐"，被赐为上大夫。他又到过梁国，梁惠王亲自到郊外迎接，"执宾主之礼"。他还曾到过赵国。在赵国，他与平原君在一起时，平原君"侧行撇席"，也就是说"战国四公子"之一的平原君见到他时，都得侧过身子请他先进去。非常典型的一次当属他去燕国访问。据《史记》记载："邹子如燕，昭王拥彗先驱，请列弟子之座而受业，筑碣石宫，身亲往师之。"燕昭王不仅尊称他为"先生"，甚至亲自抱着扫帚为他扫地。可见当时他有多"牛"。

更能反映那个时代以成功论英雄的事例，莫过于纵横家的春风得意了。纵横家，用今天的话讲就是帮助人家搞企业兼并咨询的，或者说他们就是现代咨询师的祖师爷。由于当时没有科举考试，知识分子要想混个官当，往往是走咨询这条捷径。对于这些搞咨询的人来说，没有什么道德评判，谁给钱就给谁咨询、支招。

俗话讲，拿人钱财，替人消灾。他们凭着三寸不烂之舌，可以说得乾坤颠倒、死人复活，用今天的话讲就是"大忽悠"。苏秦就是有名的大忽悠之一。话说他师从鬼谷子，毕业后出去搞咨询，遗憾的是他刚出道还太嫩，一下子就找了当时的大企业——秦国。必须得承认，

事前他还是做足了功课的。他不仅做了充分的调研，还卖了地置办了车马和各种行头。到了秦国，一见面他就滔滔不绝地拍秦王马屁，什么贵国实力最强，您的员工素质最高，尤其是您这个CEO是诸位君主中最圣明的，等等。没想到，秦王根本不吃这一套，一个软钉子把他碰了回去，不再理他。苏秦出师不利，灰溜溜地回洛阳老家。回去时相当惨，不仅盘缠花光了，连双好鞋都没得穿。到家后，家里人看他如此灰头土脸，没有一个人待见他。

注意，那个时候是完全以"成功学"的标准来评价人的，也就是说"你不挣够三千万就不要来见我"，于是"嫂不为炊，妻不下纴"，这可让苏秦看透了世态炎凉。他因此发奋读书，以至于"头悬梁，锥刺股"地又苦读了一年，这次理论结合实际了。他再次上路，就老道多了。

这次他不再找大企业咨询，而是分别忽悠赵国、燕国这些中小企业，搞了个"弱弱联合"，对抗秦国，也就是"合纵"。这一下成功了，据说他最风光的时候，竟然佩六国相印，而且当了"纵约长"这个如东盟秘书长这么大的官。后来他借出差的机会回家，这次苏秦可是得意到了极点，全家人到胡同口迎接他，吓得连头都不敢抬，成功了的苏秦终于出了一口气。于是问了一句，大意是："今天你们如此迎接我，想当初你们是怎么对待我的？"本以为可以用这句话羞辱一下这一家子，没想到家里人竟然说道："谁让您今天成功了，您成功了，我们就这样来迎接您。"言外之意，要是你不成功，还是没人瞧得起你。

这就是当时风行的价值观。所以说，那个时代是以成功论英雄的时代，为了成功可以不择手段，翻手为云，覆手为雨。他们没有什么可以遵守的道德底线，也没有什么值得害怕的，正是"道德废而智谋兴"。

君子当有三畏

而这恰恰是孔子坚决反对的，他始终坚持君子要常怀敬畏之心。敬畏什么呢？孔子曰："君子有三畏：畏天命，畏大人，畏圣人之言。小人不知天命而不畏也，狎大人，侮圣人之言。"这里的"天命"是指上天的意志，指自然规律。"大人"，指德高望重的君主。也就是说，君子应该有三点敬畏：敬畏上天的意志，敬畏德高的君主，敬畏圣人的遗训。而小人根本不懂得敬畏自然规律，没有道德羞耻感，所以他轻慢德高的君主，蔑视圣人的遗训。

看看今天的个别干部，为了所谓的政绩，为了自己的乌纱帽，在公开和私下的各种场合，可以做出许多不顾廉耻的事情。因为他们没了信仰，也就没了道德，自然无所顾忌了。但有一点他们也忘了：出来混，早晚是要还的。这就是"道"，就是历史的铁律。

历史的规律从来都是"得道者多助，失道者寡助"。因此，我们才看到了一幕幕"眼见你楼起来，又眼见你楼塌了"的大戏，这种人最终把自己甚至全家变成了一抔不齿于人类的粪土。

是官员,不是演员

人世间很多现象和道理,连普通老百姓都明镜一样,何况政治理论水平如此之高的官员们?但明白不等于做到,做不到还是没有真正明白。为什么呢?试看最近被抓出的"老虎"们,哪个在台上不是信誓旦旦、言之凿凿?说得是何等慷慨激昂、义正词严、冠冕堂皇?为了见识这一"奇观",我们不妨"奇文共欣赏,疑义相与析"。

下面是一段:"要始终清楚什么人不可以交,什么地方不可以去,什么事不可以做,真正做到不凌驾组织决策,不超越法纪办事,不违反规定用权。"这段话说得语重心长,如果真正明白了这个道理,可以使我们的干部少犯多少错误。可当我们看到这段话的作者时,不仅长叹一声,真是糟蹋了这么好的一句话。因为他就是不久前落马的原中国科协党组书记申维辰,这是他在担任山西省委常委、太原市委书记时,于2010年在太原市党风廉政建设干部大会上的"重要指示"。

再欣赏一段奇文:"过去评价经理人,更多的是倚重业务层面的要求,今后要特别强调对'德'的考核。在高级管理团队层面,对德的要求应该要大过对能力的要求。因为支撑领导力和影响力的不仅仅是你的业务能力,更重要的是你的德,是你的人性、人品、人德,否则你无法统率千军万马。"看看,这话说得多么深刻,它把德与才的辩证关系论述得何等透彻！读到这里，不禁让人对作者肃然起敬，假如我们的国企领导都能做到这样，实乃我民族之大幸。遗憾的是，这句话竟然出自大名鼎鼎的宋林之口，出自他的《改革再出发》。就凭这个人的龌龊行为，这段话的"高大上"在我们心中轰然倒塌。

　　我们再引一句"副国级"官员苏荣的语录："领导干部要培养和强化自我约束、自我控制的意识和能力，在各种诱惑面前不动心，尤其要管好自己的生活圈、交往圈、娱乐圈。在生活圈中，要严守规矩抗得住各种诱惑；在交往圈中，要分清良莠不滥交友；在娱乐圈中，要自觉抵御'灯红酒绿'的诱惑。"苏荣还强调：做人要讲人品，为官要讲"官德"；"人无德不立，国无德不兴"；为官只是一时，做人才是一生；为官品不端，迟早要翻船。这番语重心长的话对于广大干部来说，真可谓是"谆谆教诲"。可是，2014年6月14日，这个教育别人的人自己也未能逃过翻船的命运。

　　由此看来，这些官员比谁都明白，又比谁都不明白。因为他们把自己当成了电视剧里的"男一号"，从演技上说，他们可以算得上是一流演员，在成功地感动和教化着观众。但话说回来，官员可千万别把自己当成演员。演员在戏里说的是台词，官员在百姓面前说的应该是真话和心里话。遗憾的是，他们在台上说的和私下做的形成了鲜明反差。

　　言行不一，可怕；心口不一，更可怕。所谓心口不一，就是老百

为官之诚

姓们常说的,说话时嘴一定要对着心。有一句古诗说得好:"王莽谦恭未篡时。"假如这些老虎没有被抓出来,不知他们还会表演到何时?

所以,我们不得不尖锐地指出如下逻辑关系:任何管理的背后都是文化,(一个人)没有文化就没有前途。但是文化并不等于学历,今天的干部有很多人不是研究生就是博士,学历仅仅是一个符号。什么是文化?文化是讲道德,没有道德就没有文化。道德的基础是诚信,没有真诚就没有道德。

这些失足的官员们,败就败在他们骨子里已没有了诚信。他们不仅在欺骗着善良的百姓和多年培养自己的组织,更是在欺骗着自己。

无论什么时代,官员的价值取向都在影响着社会风气,这些年来的社会诚信缺失,领导干部要负首要责任。古话说得好:"信,国之宝也,民之所庇也。人无忠信,不可立于世。"我们不妨再进一步说:一个人"无诚则有失,无信则招祸"。什么叫"诚"?从字面上看,言成则为诚,就是说到必须做到。什么叫"信"?人言为信,也就是只有说的是人话才称得上信,否则就不是人话了。那是什么话?中国还有一个字叫"狺",音"yin",二声,从字面上一看就明白,就是狗吠。作为一名官员,必须记住:我们要做老实人,说老实话,办老实事。一句话,官员们,请做诚信的表率。

领导一定要"三戒"

《易经》里充满了人生哲理，可以让我们少走弯路，少犯错误。在《易经》坤卦的第三爻即六三爻中，有这样一句爻辞："含章可贞，或从王事，无成有终。"把它译成今天的话就是，一个人如果具有美好的品德，那么他就可以为国家效劳了，即使没有大的成就，也可善终。这段爻辞的可贵之处在于"无成有终"四字。为什么？因为一个人善始容易善终难。正如某个小品中的"名言"：人生就像一架飞机，不管你飞得多高，最终都要做到平稳着陆。这句话虽然通俗，但不失深刻。的确，人生的辉煌就那么一阵子，关键是得有一个平平安安、圆满的结局。历史上，尤其是当今，我们看到不少人凭借自己的努力取得了巨大成就，也为社会做出了一定贡献。论能力他们出类拔萃，论智商他们超乎常人，遗憾的是，在他们处于权力巅峰之际，没有做到全身而退，反而跌得粉身碎骨，晚节不保，毁了半世英名。这些人之所以出事，也有其必然性，因为他们没有一个正确的价值观，缺少自我约束能力。古人云："不患位之不尊，而患德之不崇。"苍蝇不叮无缝的蛋，内因是起决定性作用的，他们之前就缺乏完好的个人修养。

"含章可贞"的"章"字虽然有好几种解释，但无论从哪个角度讲都是讲君子之德，指个人修养。孔子最强调个人修养，为了加强道德修养，他总结"君子有三戒"：戒色、戒斗、戒得。然后他针对人生不同的年龄段，提出了戒的重点："少之时，血气未定，戒之在色；及其壮也，血气方刚，戒之在斗；及其老也，血气既衰，戒之在得。"意思是说，君子有三种事情应引以为戒：年少的时候，血气还不成熟，要戒除对女色的迷恋；等到身体成熟了，血气方刚，要戒除与人争斗；等到老年，血气已经衰弱了，要戒除贪得无厌。从字面上看，孔子提出的"三戒"是针对少年、壮年、老年提出的，但这"三戒"对于身处不惑之年的官员来说，更为重要。

其一，戒之在色。不惑之年的男人，很多都是业务上的骨干、技术上的尖子、管理上的能手，可以说前程似锦，加之有着稳定且颇丰的收入，浑身上下都散发着迷人的气息。但就是这个事业的稳定和上升期，却成了家庭和婚姻的脆弱期。由于这个时段的男人相对来说有权、有钱、有地位，还有身板、有色胆，什么第三者插足、包二奶等，大都出自他们之手。所以，要想保持住自己人生良好的上升态势，必须戒色，切不可一时冲动掉入情色深渊。如果意志不坚定，被色所困，那么请记住，色字头上一把刀，它不但可以把你的身体搞垮，把你的家庭搞垮，还会扼杀了你的一生，使你前功尽弃。

其二，戒之在斗。所谓水往低处流，人往高处走。人人都想自己有一个好的前程，成为人中之龙。但僧多粥少，越往高位，机会越小，并不是人人都可以攀到理想的最高处。为了争夺更多资源的处置权，不少人往往利令智昏，陷入无原则的权力斗争中。加之人过四十，正是血气方刚、春风得意时，更容易因为好胜心而误入歧途。今天你搞我，明天我搞你。美好的青春年华，就这样白白耗费在阴谋诡计中，甚至有人为此付出了生命的代价。结果呢？一边是威风显赫的权力，一边是残缺不全的人格；一边是至高无上的权力，一边是支离破碎的家庭；一边是令人羡慕的权力，一边是痛苦不堪的人生。我们到底是得还是失？权力可以带来威风，但带不来人们的赞誉；权力可以带来金钱，但带不来幸福的生活；权力可以带来美色，但带不来真正的爱情。为了权力而把自己置于无休止的争斗当中，实质上是逼自己走上了一条不归路。

其三，戒之在贪。四十岁的男人也正处于上有老、下有小的人生压力期。自己过小康生活需要钱，赡养父母需要钱，抚育孩子需要钱，应酬朋友需要钱。加之又有职务上的便利条件，揩点儿公家的油并非难事。此时，如果自己把握不住，被贪念所缚，不由自主伸出了罪恶的双手，那就惨了！要知道，人的贪欲如同山坡上滚落的雪球，只会越滚越大、越大越滚，根本不可能自主停住。只能等到冲下山底，摔得个粉身碎骨时才会罢休。那时，纵然有金山银山，又有什么用？而孔子特别强调"老年戒得"有着非常现实的意义，很多人到了快退休的年龄，和别人一比，觉得什么都不平衡，开始把持不住自己了，于是在五十八九岁时翻了车，看来孔子早就预言过"五十八九现象"了。

儒家正是通过"修己"达到"安人"的目的,其中"修己"与"安人"体现了个人管理目标与组织管理目标相统一的辩证关系。个人管理逐步实现从自律到自觉的飞跃,通过推己及人实现组织的目标。

关于修身的作用,近代西方的管理学也多有品德成功论的论述。美国生物学家及教育家乔登说:圆满的生活与基本品德是不可分的,唯有修养自己具备品德,才能享受真正的成功与恒久的快乐,没有正常的生活就没有真正卓越的人生。

勇于公战,怯于私斗

这些年,无论是企业文化建设还是媒体宣传,"狼性"成了一个众人推崇的词汇和性格。电视剧《亮剑》播出后,鼓吹"狼性"更成了一种时髦,似乎一个人、一个组织要想取得成功,没有"狼性"是绝对不行的。的确,在竞争激烈的时代,人必须要有一种坚韧的拼搏精神,尤其在对敌斗争当中,必须要有把对方撕咬成碎片的狠劲。我曾经非常推崇这种"狼性",敬佩李云龙"狼走千里吃肉"的口号。不过后来,面对一些现状,我开始反思。

客观评价"狼性"

这些年,"狼性"被宣传过头了,甚至宣传偏了。我们知道,狼面对"食物"时确实是非常"团队",可它们一旦没有了对手,就开始互相撕咬自己的同伴。当李云龙声嘶力竭地鼓吹"狼性"时,他面对的是凶残的日本鬼子。而今天,我们失望地看到,现在有些人却把这种"狼性"用到了自己人身上,用到了内斗上。

在某些地方,人与人之间的关系已经变成了狼与狼的关系。这完全偏离了我们宣传"狼性"的初衷。甚至,有人片面学习李云龙的作风,把他的果断变成了霸道,又把霸道美化成了魄力。这些年来,一些干部军阀作风严重,对自己的部下动辄斥骂甚至动手,而且把李云龙的爆粗口当成了一种值得炫耀的作风。以至于有的干部直言不讳地说道:干部间这么说话(指说话充满脏字)感觉亲切。

这种论调其实并不新鲜,长期以来,有的干部以自己是工农干部"大老粗"自居,认为不说脏字不能表达自己"朴素"的阶级感情,而文质彬彬却成了资产阶级的标准形象。这是极大的歪曲。试想如果有人整天对你这么"动粗",你会是什么感觉?

去去流氓无产者的痞气

孔子讲:"己所不欲,勿施于人。"中国是一个礼仪之邦,是一个

为官之诫

文明古国。在对待自己的伙伴，对待自己的亲人上，我们从来都倡导以和为贵，倡导"家和万事兴"。在待人接物上，我们倡导以礼待人。

现在常常讲的"礼节"，关键在于"节"字，一个人只有节制自己不符合规范的言行，才能做到彬彬有礼。谈到这个词，不禁想起孔子的一句名言："质胜文则野，文胜质则史，文质彬彬，然后君子。"大意是说，一个人不能光强调自己本质好（即"质"），还要有一定的文化修养（即"文"），否则就变成了粗鄙、粗野，当然修饰过了也不好，那就变成虚伪了（即"史"），只有文与质相结合，才能做到彬彬有礼，而后才能成为君子。

遗憾的是，现在社会上痞戾之气横行，一言不合，动辄以拳脚相加。我们甚至看到，有的干部竟然不顾自己在下级和百姓中的形象，在办公地点或公开场合大打出手，留下笑柄。这种风气其实来自社会底层的流氓无产者的痞气。我们过去常常把流氓无产者和无产者混为一谈，殊不知，流氓无产者从来都不是真正的革命者，他们在动乱年代常常充当打手的角色，在和平年代就完全成了社会和谐的破坏者。

千万不要以为这种人有多么勇敢，由于他们没有道德底线，他们的信仰是"有奶便是娘"。可以想象，一旦大敌当前，这种人多数就成了汉奸走狗。还是法家有一句话说得好，真正的英雄应该是"勇于公战，怯于私斗"。

"无为"也是无德

这里讲的"无为",并非是老子推崇的"无为",而是指官员的不作为。古人云:"食君禄,奉君命。""在其位,谋其政。"自古以来,官员吃着国家的俸禄,就应该做事。在其位而不谋其政,这种人在历史上被称作庸官,在封建社会都是要受到抨击和处分的。因为"不作为"实乃腐败之一,拿着国家俸禄,靠人民养活你,是不是在浪费甚至贪污着人民财富?封建社会尚且如此,何况共产党员干部。

孔子"不在其位,不谋其政"的论点非常深刻,他一方面批评了那种已经退位却仍不断干政乱政的错误做法,也指出了为官一任,必须要有所作为,要有正确的作为,要造福一方,为百姓谋福利。如果变得无所事事,庸庸碌碌,只能说明该干部是缺少做官的基本道德,私心作祟。

今天,我们也看到有一些官员无所作为,尸位素餐,对上级分配的任务推三阻四,对百姓的疾苦不闻不问。庸官的大量出现不外乎如下几个原因:其一,在当前党中央重拳反腐的形势下,有的人担心犯错,变得畏首畏尾;其二,原来的灰色利益链被切断,感到当官已"无利可图",所以变得畏首畏尾或消极对抗;其三,错误地认为今后只要不贪,就能保官,就能"安全",至于少干点或不干活,不算原则

为官之诚

性错误。

党的十八大以来掀起的这场自上而下的反腐倡廉风暴，确实触及部分人的既得利益，引起部分势力的强烈反弹。在党内，部分官员中出现了一些不和谐的"杂音"。比如我在巡讲当中，有的基层官员就抱怨新颁布的车改精神，说按照新的标准，我们出门油钱都不够，所以对不起，以后基层也下不起了，谁的补贴多谁就多下几次吧。我当时就反问道，下基层难道一定要坐小汽车下去吗？我们且不说当年红区干部自带干粮去办公的好作风，也不提新中国成立后很多干部骑着自行车走村串户的做法，让你乘公交或长途车难道就如此委屈了吗？试想在炎炎烈日下，我们有多少百姓正挥汗如雨地劳作在田间地头，难道一定要坐在开着空调的小轿车里才能搞调查研究吗？这只能说明，在我们一些干部身上少了传统的艰苦朴素的本色，多了娇骄二气，心中根本没有装着人民。然而，正是这些人当年受过多少"领导力与执行力"的培训，写过多少深刻的心得？写到这里，我们不能不痛切地认识到，这些年的培训及学习成了作秀的花架子，根本没落到实处。

我还注意到，最近一两年，有个别领导像隐形蒸发一样，在任期内不仅没有任何行动，甚至低调到连报告、讲话都省了。看起来他们似乎不再当"演员"式的官员，不再热衷于作秀表演了。其实，他们私下透露出一种很不健康的想法，就是"等等看""走着瞧"，很多该办的事情也一直拖着，包括学习也成了虚应故事，用形式主义反对形式主义。根据他们的经验，很多事情可能都是一阵风，总有过去的时候，一旦风头过去，他们又可能固态萌发，依然故我。

大家知道，国企改革中一个非常难啃的骨头就是一批高管薪酬过高。这不仅引起了全社会的不满，就连国企里的员工也意见颇大。这些年来他们拿的是何等理直气壮？很多教授和专家也纷纷为这种做法进行辩解，什么高级管理人员进行的是复杂劳动，他们通过有效管理创造的财富远远高于普通工人的价值，等等。可是，这种歪论根本就没有真正说服过普通百姓，他们一针见血地指出，在不少垄断性的企业，就连傻子都能闭着眼挣钱，况且他们不担任何风险，拿着国家的财富进行管理和运作，凭什么要和私企老板一样的待遇？这种现象曾经被中央领导多次严厉批评并准备进行改革，却引起了一些人的强烈抵制，有的人甚至用集体辞职来要挟。这已不是简单地和组织讨价还价了，简直是在和党叫板。

我就曾经听到过一些类似的言论："再这么着（就是这样继续改革下去），都不干了，看你怎么运转？"我当时就直接反驳道："放心，在中国什么都缺，就是不缺官，你如果真想不干，尽可以早说，可能你的位置有一个连的人在排队等着呢！"对方尴尬地笑了一下说："那倒也是。"某些人不过是想不通喊喊而已，但在公开场合如此抱怨，也恰恰反映了他内心的不净。

所以说：乱作为是无德，不作为同样是无德。

第六章
学习之诚
古之学者为己

古人学习是为了提高自己的道德修养，增长自己的学识，而现在有些人恰恰相反，把道听途说来的一些东西贩卖出去，其真实目的是惦记着听众的钱口袋。

灵魂的"豆腐渣"工程

有调查显示，当今世界上我们国人是读书最少的民族之一，平均每人每年只有 4.7 本。作为一个拥有五千年悠久历史的泱泱大国，这种数字着实令人尴尬。同时更令人忧虑的是，即使是学习，也日益陷入了功利化当中。我们学习的目的究竟是什么，我们究竟要读什么书，听什么课？

和不爱读书形成鲜明反差的是，各种培训开展得热火朝天。可经过了那么多轮的培训，国民的素质，尤其是干部队伍的素质仍然并不乐观。这些不尽如人意和我们的培训有没有关系，或者说作为教书育人的教育培训界对此要不要负一定责任？回答无疑是肯定的，而且要负相当重要的责任。

冷眼观培训

在讲这个问题之前，首先应肯定一点，改革开放三十六年来，我们在干部培训方面确实有了长足进步，也取得了骄人成绩，尤其是在宣传介绍西方发达国家的先进管理经验与理论方面有了很大突破。但随着实践的发展，一个非常突出的问题也日渐凸显：我们究竟要宣传

为官之诚

介绍哪些东西，由什么人来教？

随着时间的推移，不少人看到培训是一个非常具有发展前途的"朝阳"行业。于是，从大学到国家机关，整个社会如雨后春笋般出现了大量的官方、半官方及民间的培训机构，大家抓住了全社会重视管理培训的大好时机开始捞金。"培训师"因此也成了一个炙手可热的职业，不管什么人，只要有点口才，只要能忽悠，都可以弄个"培训师"干干。在这股热潮中，难免鱼龙混杂、泥沙俱下，培训界也和其他行业一样，出现了诸多精神污染屡禁不止的乱象。神圣的讲坛成了一些人肆意宣传不健康东西的场地。而且，各种打着MBA、EMBA或豪华阵容的天价培训班也应运而生。培训逐渐成了建立人脉、镀金乃至"钓金龟"的社交场所，社会上关于此种培训的各种负面新闻和诟病层出不穷。有人嘲讽一些培训就是"养养神儿，认认人儿，学点词儿"。很多真想学些知识的人在听完一些课后连呼上当，就像买了假货一样堵心。

如果说假冒伪劣产品是在伤害人们身体的话，这些"伪培训"则是在毒害人们的心灵，乃至毒化社会空气，我把这种现象称之为灵魂的"豆腐渣"工程。而且，有不少毫无科学依据的课程都是打着现代管理的旗号招摇过市的，对此我们不妨喊一声"让管理脱下伪装"。

人人都是"大忽悠"

这些年来，最为蛊惑人心的就是所谓的成功学和励志学了。成功学是个舶来品，一般认为"成功学"的鼻祖是美国人戴尔·卡耐基。而以卡耐基为代表的"西方成功学"本义是：帮助个体改变自己的不良习惯，调整个体的行为模式。引进中国后，则被某些人完全改变了味道。如果要为国产"成功学"下一个定义，大概内容应该是：教人在最短的时间内，以最小的代价、最简单的方法，获得最大的"成功"。当然，主要是指经济上的成功。随后，在经济成功的基础上，还能衍生出精神方面的成功。它的诱惑性在于抓住了当代人急于求富的心态，向大家介绍"成功"的不二法门。当然，这里说的"成功"指的就是发大财，所以他们在介绍成功学时掺进了自己酿造的假酒。

为了起到精神控制的目的，这些课程大力渲染课堂气氛，讲课如同表演，只见一些"导师"往往是伴随着令人亢奋的音乐走上讲台，说着惊世骇俗的警句，介绍着一个个大款成功的传奇。他们讲得慷慨激昂，下面听得热血沸腾，每个听众都做着各种美梦走出课堂，仿佛在听完后自己马上就会成为他们梦中的偶像。

必须承认，这种宣传对涉世未深的年轻人有着极大的吸引力和毒副作用。尤其是这些课程的讲师都给自己冠以各种耀眼的光环，有博导曾"豪气十足"地对学生公然说出这样的话："十年后，你们谁没有挣够四千万就别来见我！"这种论调在社会上引起了激烈的争论和极大的混乱。按照这些宣传者的标准与价值取向，雷锋、焦裕禄等英雄模范人物绝对不属于成功者。

为官之诚

每个人的成功之路都不一样，成功的标准也不一样，世上更没有靠听一次课就取得"成功"的。假如我们把成功学比喻成"点金术"，那些作为"点金师"的培训师们会真正把这门绝活教给你吗？说实话，如果我会点金术，我还想留着自己点石成金呢。所以，当那些天真可爱的年轻人听完课后，没人能取得那些培训师宣扬的所谓成功，倒是那些培训师们自己"成功"了，他们赚了个盆满钵满。实际上，再仔细研究一下这些人的出身会发现，这些成功学大师们在开始贴小广告教人如何成功之前，普遍混得不怎么样。翻开他们的著作一看，一点儿都不像自学成才的样子，在他们的作品中只是大量重复使用着没有根据的励志小故事。用一个词来形容这种人的话，他们所使用的方法就是赵本山小品《卖拐》中的方法——大忽悠。然而，恰恰是这种忽悠论调，成为人们急功近利的助推器。

"洗脑式"操练

还有一些号称借鉴了国外先进互动教学方法的人，在台上竭尽煽情之能事，让学员们一会儿痛哭流涕，一会儿捧腹大笑，一会儿又像耍猴儿般让学员做俯卧撑，一会儿全场互动拍巴掌跺脚，上下一起激情澎湃。于是，一次次培训变成了一场场传销。难怪很多学员听完这些课后，都连呼上当，说这些课听的时候激动异常，回味起来却没有任何"干货"，回到单位更没什么可落实的行动。

其实，这种培训在街头也随处可见，当我们经过饭店和美发店的门口时，经常会看到那种让人惊诧的"洗脑"式操练，他们高喊着令人激动的口号，唱着自编的"企业歌曲"。因为这类行业的员工收入低、前景黯、工作枯燥辛苦，导致员工容易倦怠和流动，所以如何调动这类行业中员工的积极性和执行力，就成了管理者的重要任务，而这种"洗脑"式操练就被很多培训者与管理者当成了手段。

遗憾的是，这种低劣的鼓动手段竟成了不少培训师必备的基本功，成了评价一堂课是否成功的重要标准。对这种现象，我只能无奈地送上三个字：小儿科！记得有的学员曾经嘲笑这种培训方式："这种培训简直是把我们当成了幼儿园的孩子！"

部门监管在哪儿

培训界之所以呈现这种乱象，关键是到现在国家没有一个专门的部门对这些培训机构进行规范管理，对培训师更没有准入门槛。随便什么人都可以自封为培训师，都可以登上讲台信口开河，可以漫天要价。于是，出现了一些"包治百病"，什么课都能讲，什么内容火就能开什么课的"江湖郎中"。这些人在做介绍时，常常用各种头衔把自己包装得十分唬人，如"客座教授""兼职教授""大师""全国十佳培训师"，等等。

为官之诚

我在担任系主任期间曾经接待过一个应聘者。看其简历的确是个人才,其头衔是教授、博士、国家津贴获得者。可当我让他出示教授证书时,他根本拿不出来,只说自己是某民办大学的客座教授,大学已经是民办的,教授还是"客座"的。然后,我又让他出示学位证书,原来他仅仅在某个什么博士培训班上听了两个月的课。至于"国家津贴",他说是他家乡的乡政府给他发过国家津贴,实在令人哭笑不得,原来国家津贴还有乡政府一级的。事后,我和人事处长实在"佩服"他撒谎的胆量。

像此君,绝不是个例。我们看看,现在社会上游走着多少张悟本式的冒牌教授、专家?由于没有真才实学,这些人在课堂上常常要用大量的时间为自己做广告,诸如为世界几百强企业做过咨询,为哪些著名的企业家上过课,游历过多少国家,开办过什么公司,等等。这种自欺欺人的做法不仅败坏着学员的"胃口",也在助长一种吹嘘和骗人的歪风邪气。这种人为了吸引听众和读者的眼球,其课程或"著作"常常冠以非常怪异的名字,动不动就是"××决定一切",或者是"砍掉××",总之是"语不惊人死不休"。

古人云:古之学者为己,今之学者为人。也就是说,古人学习是为了提高自己的道德修养,增长自己的学识;而现在有些人恰恰相反,把道听途说来的一些东西贩卖出去，其真实目的是惦记着听众的钱口袋。

有人在传播"病毒"

这种现象不仅在社会上一些"野家子"那里泛滥，就是一些正规院校的正规管理培训，也存在问题。这些年来，社会上无论哪个年龄段的培训（从幼儿园到成人），都过分强调了能力与手段的培养，而忽视了道德教育。换句古人的说法，就是过分注重了"术"的教育，却忽略了"道"的教化。

"术"作为一个中性词，可以理解为方法、技能、手段，具有较大的灵活性。我们不否认工作和斗争中要运用"术"，但它仅仅是一种工具，必须在"道"的指引下合理运用。我把它比喻为手枪，看拿在谁的手中，好人拿着它可以打坏人，坏人拿着它绝对会危害四方。因此，我们必须看运用它的人是谁，目的是什么。如果为了正义的事业，那叫斗争艺术；如果为了邪恶的目的，就是玩弄权术。

遗憾的是，在传播"术"的过程中，不少人或明或暗地在介绍着"权术"等历史沉渣，在故意传播着"病毒"。而这些传播着"病毒"

的人却在一些培训市场上大行其道。

"大师"离死不远了

近些年，大家发现，各种"大师"突然像众妖显灵一般冒了出来，而且呈越来越多之势，难怪不少人讥讽如今是大师满天飞的时代。他们不像张悟本、李一之流公然宣传妖术、邪说，而是常常打着一些时髦的旗号，其危害性同样不可低估。

究竟什么是"大师"？什么人才能被称作"大师"？"大师"这个称号最早来自佛教，是大师范、大导师之意。释迦牟尼被尊称为"三界导师"。在中国，起初称有高德之出家人为大师。发展到后来，"大师"两字专用于追赠死去的高僧，也就是死了的人才被封为"大师"。所以，连德高望重的季羡林老先生在生前都坚辞"大师"的称号，一是老人家谦虚，二是不愿意被咒。

可以说，现在社会上已经没有"大师"了，真正的"大师"都死了。所以那些厚着脸皮标榜自己为"大师"的人，或者别人称其为"大师"他又欣然接受的人，我们尽可以送他两个字的称号——骗子。

另外，假如谁给你递的名片上面写着"××大学客座教授"等名号时，你尽可以把后面的"教授"两字略去，那就只剩下两个字"客座"。很多人都知道，有那么一个屡遭质疑但至今仍风靡全国的所谓"国学大师"，在其介绍中赫然标着自己是某名牌大学的客座教授。由于此人到处用这个头衔招摇撞骗,迫使该大学不得不出面澄清:本校从未聘请其担任过客座教授,他只是曾经在这所大学门口租用了几间房子讲过课,所以本校郑重声明此人和本校概无关系。

分析这些"大师"的经历,会发现他们有惊人的相似之处,就是大部分都曾涉足传销。他们善于用虚假广告包装自己,善于把传销中的洗脑术用于讲课当中。大家知道,虚假广告背后兜售的都是假冒伪劣产品。这些人正是如此。

"国学"越来越臭了

还有一门课程这两年也被弄得声名狼藉,就是所谓的"国学"。"国学"一词,这些年确实"火"了起来,这在某种方面反映了时代需求,但也被某些人搞臭了。因为他们并没有宣扬优秀的内容,而是把历史上早已遗弃的东西掏出来兜售。

任何传统的东西,既有优秀的成分,也含有大量糟粕,即使在古代,这些糟粕也是不登大雅之堂的。但在价值观混乱之际,这种越是糟粕的东西越有市场。我们看到,在这股"国学热"的浪潮中,大量沉渣泛起。有些人利欲熏心,把腐朽当作精华,把封建时期的尔虞我诈当作灵丹妙药进行宣传:谈《易经》必奇门遁甲,说方法则"权术谋略",到处授人以奸。甚至有的正规大学也办起了什么"现代风水班",似乎只要冠以"现代"就变成了科学。

讲到这里,我们就会明白,为什么从官场到民间堪舆之术又肆意泛滥。除此外,《易经》热又催生了各种"易经速成学习班",在某知名大学"易经速成班"的广告中宣称,能让对易经一窍不通的人,通过半个月的学习,出门后为人掐指算卦。当然,其学费也绝对"豪华",每期七八万之巨。这些借贩卖垃圾大发其财的培训,都极大败坏了中国传统文化的声誉。

同时,有些学员抱着急功近利的心态想学几招"一招制敌"的方法,而视道德教化为迂腐。以至于"中国式"一词已经由一个褒义词(起码是中性词)变成了贬义,这应该是"中国式管理"的悲哀。

"全民娱乐化"很流行

近些年来社会道德的沦落,除了教育失范之外,另外一个行业也难辞其咎,那就是各种媒体,尤其是大众媒体的误导。

通俗蜕变成低俗、媚俗

改革开放初期,媒体一改原来纯粹政治说教的刻板,承认了节目的娱乐功能,使得社会上吹来一股清新的风。但任何事情都必须把握好一个度，一旦失宜则转化了性质。这些年来，各媒体在片面追求经济效益和收视率的考核指挥棒下，愈走愈远。由受大众喜闻乐见发展成一味迎合少数人的低级趣味，由通俗蜕变成了庸俗、低俗和媚俗，不仅原来的道德教化、思想教育功能没有了，反而在格调低下的节目中进行着大量负面的宣传。

各地电视节目中一哄而上的诸如"非诚勿扰"类的节目越办越出格，只见男女主持人在台上公然用打情骂俏的方式，来博得观众廉价的掌声和笑声，而所谓的嘉宾也以各种惊世骇俗之语来赢得观众的注意。节目中，诸如"宁在宝马车里哭，也不在自行车上笑"等失去道德底线的语言频频出现。这些错误的观点，不仅没有受到严肃批评，反而改头换面以更加嚣张的方式出现，严重误导着观众，尤其是年轻人的思想。

为了片面突出所谓的娱乐功能，各种无厘头的搞笑类节目变得肆无忌惮，演员们以抖落对方或自己的隐私来上位，以各种黄色段子或打着绿色旗号的色情段子打擦边球，以换取票房价值。为了吸金，不少电视台推出了一场又一场各种名目的唱歌比赛，来吸引观众眼球，更主要的是吸引广大的文艺青年参加，以致让人越来越反胃的各种所谓"快男超女"比赛层出不穷。它不仅赚取了参赛者的报名费、赚取了门票和由此带来的各种惊人广告费，更扭曲着年轻人的审美观和价值观，甚至污染着整个社会。在这里，传统的价值观被颠覆，道德被

为官之诫

视为保守和迂腐，庸俗和低级趣味成了"前卫"和"新潮"。谁如果对其进行批评，立刻招来主办方和所谓"维护人权"的大 V、公知的声讨。此时此刻，正义与道德没了立足之地，以丑为美的现象和论调却占了上风。

到底在"娱乐"谁

这种做法，首先迎合的是一些缺乏公德的大款们的欢迎，他们心灵的空虚必然要用"毒药"来麻醉。他们用这种方式消费着自己大把的时间，炫耀着自己的富有。然而，更为严重的是误导了整整一代人。因为主办方在迎合着很多青少年想不通过劳动就一夜暴富的心理，迎合着青年人追求虚名的心理，让他们幻想以一唱成名甚至一脱成名为手段，成群结队地拥挤在通往明星的"成功"之路上。那些一夜成名的少数人（尤其是所谓草根明星）则成为他们狂热追求的偶像。因为这种成功简直就像天上掉下的馅饼，真可谓"朝为田舍郎，暮登天子堂"。而过去的"十年寒窗无人问"早已被大家摒弃。

更令人费解的是，社会和一些官方机构也在为这种成功推波助澜。君不见只要在什么比赛上名列前茅，立刻各种商演、片约纷至沓来，各种广告商也找上门来。大家都明白，这带来的可是滚滚财源。谁不趋之若鹜？还有更令年轻人心动的就是，一旦成名某些人转眼之间就被各部队文工团招去，立刻穿上帅气的军装，成了英姿飒爽的军人。

当然，你的名气如果再大一些，还有各种军衔等着，何等风光？他们几乎不用在酷日下严格军训，不用驻守边疆奉献青春，更不用血洒疆场，就轻松地佩戴上了将校军衔，被人前呼后拥，被镁光灯闪耀，被追星族簇拥。这可是多少人一辈子的梦想啊！而且，他们即使当上了军人，也绝不耽误自己走穴挣钱，在某些人那里，军纪成了纯粹的摆设。对此，无论是老百姓还是抛家舍业的基层官兵，早已表示了极大的不理解。更别说最近揭发出来的一些女演员和某些贪官之间的权色交易，遭到了广大群众的唾弃。

  对于群众的这种批评，有一种奇怪而又冠冕堂皇的逻辑，就是我们的军队离不开革命的文艺。确实，在艰苦的战争年代，我们军队和地方上的广大文艺工作者用充满革命激情的文艺作品激励着士气，鼓舞着人心。当时，他们没有报酬，更谈不上任何特殊待遇，甚至要冒着生命的危险，与前线的战士们一样共同为革命事业做贡献，他们的事迹也被传为美谈。反观今天的一些明星歌手，早已不是当年的作风，他们穿着军装进行着各种商演。这是在宣传社会主义文艺吗？他们住着豪宅，开着 party，开着军牌车兜风、闯红灯。他们的行为不但没有给庄严的军旗增光添彩，反而在败坏着人民军队的声誉。我们有理由怀疑，他们敢不敢冒着枪林弹雨为基层官兵送去健康的精神食粮？但他们毕竟成功了，这是活生生的现实。看到这一切，一些好高骛远又不愿意吃苦的年轻人，谁还愿意去艰苦拼搏？

第七章

用人之诚
胜任力模型是把纸剪子

如果识人者自身居心不正，不能出以公心，那么有多少识人的理论和模型都没用。或者说，这些胜任力模型对于他们就是一把纸剪子——看起来非常锋利，似乎可以裁剪一切，遗憾的是，它是纸做的，一点用处都没有。

欲知人，先正心

所谓管理，通俗点说：一个是管事，一个是管人（当然也包括管自己）。毛泽东早就讲过，领导者的主要任务就是出主意、用干部。在这二者中他更重视后者，他说：政治路线确定之后，干部就是决定的因素。通俗点说，就是七分管人，三分管事。这并不是说管事不重要，而是说在二者之间，或者说在诸种决策中，用人的决策是最重要的，其重要性超过了其他决策。

我心正，方能风清气正

在用人问题上，一旦失误，满盘皆输。它更是一种社会风气或单位风气的导向，用人正，则风清气正；用人邪，则乌烟瘴气。古往今来的经验教训一再证明，用人得当与否直接关乎大局。所以，唐太宗反复强调"为政之要，惟在得人"。能否做到真正"得人"，并且"得其人"，首先应该取决于正确识人。

我们讲识人难，就是难在画虎画皮难画骨，知人知面难知心。所以古人云"人心惟危"，难在人心叵测；难在被识之人开始时并非是恶人，后来由于种种原因变质。因此，古今中外的政治家和理论家在

如何识人方面可谓下足了工夫。从中国先秦时期的"八观六验"到曾国藩的《冰鉴》，再到毛泽东关于挑选接班人的五项标准，前人为我们提供了许多识人的标准和方法。近些年来，又引进了人才素质结构分析、岗位分析和胜任力模型等诸种考核方法。

无疑，这些都为我们提供了识人的依据和基础。所以，在这个基础上出现了一门时髦的专业——人力资源管理。其分支内容如"招聘""用人""考核"等也升格为一门门火爆一时的课程。由此还诞生了一门新的职业——人力资源管理师。

就是在这样一个大背景下，识错人、用错人的现象仍然层出不穷——最近抓出的大小"老虎"就是明证。让人不禁要问：我们的用人机制究竟怎么了？是理论体系不科学吗？不是，因为其理论已经非常系统。是方法不标准吗？也不是，不仅被考核人的每一项素质都有具体的分数，甚至还有所谓的"谈话""公示"等制度做保证。可到头来，很多地方还是在用人方面出现了一个个"黑洞"：有人是"带病提拔"，有人是"前腐后继"。于是，有的地方拔出萝卜带出泥，形成盘根错节、触目惊心的窝案，还有的地方出现了塌方式的腐败。

问题的根源究竟在哪里？答案只有一个：关键在于识人者和用人者本身的人品。俗话说"物以类聚，人以群分"。当然，这和特殊的干部选拔任用机制也有很大关系。

一人得道，鸡犬升天

从总体上看，我国实行的仍然是"伯乐相马"这套特殊的干部选拔任用机制，其实质是"以人选人，少数人选人"。这样一套机制事实上造成了人身依附关系。社会上早就有一个顺口溜，即一个人能不能得到提拔，关键要"三行"：一是，你得行；二是，有人说你行；三是，说你行的人行。顺口溜说要"三行"，其实最后"一行"最关键。能否找到"行"的人，确立人身依附关系，就成了一个人升迁与否的决定性因素。

换句话说，古代社会流行的"一人得道，鸡犬升天"的情况，事实上在今天仍然存在。为什么历任秘书、那么多下属都对贪官死心塌地、死忠？并不是他们每个人都先天缺乏党性原则，而是党性原则很难与这套机制相对抗。如果识人者自身居心不正，不能出以公心，那么有多少识人的理论和模型都没用。或者说，这些胜任力模型对于他们就是一把纸剪子——看起来非常锋利，似乎可以裁剪一切，遗憾的是，它是纸做的，一点用处都没有。

用人者唯有心正，方能做到客观公正，知人善任，使本单位事业走上正途。如果用人者心术不正，那即使有再多的方法，在他那里也只不过是一个形式、过场，最终只会是那些被提拔者"在骂声中成长"。

我所了解的案例中，就有这样一些离奇的故事。

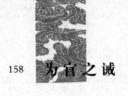

为官之诚

某被赏识的人员原本是一名党员，后因私出国（并辞职）几年。由于该人是辞职出国，所以几年中根本没有履行党员的义务，比如按时交纳党费，及时向组织汇报自己的国外状况等。按照组织纪律，他已经属于自动脱党了。后来由于种种原因，该人没能在国外定居，只好回国，然后想回本单位，自然他在这中间做足了"功课"，被当作人才引进回国。

为了提拔他，首先要解决他的党籍问题。按照组织原则，该人需要重新申请入党，并走"被考察、预备、转正"的程序。可是这一切都被省略，"特事特办"——仅仅开一个党委会就直接恢复了该人的党籍。

这种现象并非个案，类似的假党员在我们党内有相当一部分。因此，以习近平同志为首的党中央最近提出了要严把入党关，提高党员队伍质量。

某被提拔的干部因为缺乏大家认同，几次在全体干部大会上讨论都未被通过，这足以证明群众的眼睛是雪亮的。但一把手为了达到提拔他的目的，竟然使出了"绝招"：不通过就不结束会议。最终，大家迫于领导的压力，违心地投票同意，结果当然是"全体一致通过"。

看到这种现象，不禁想起袁世凯当年为了当选大总统，一连几天不让议员回家，最后逼迫议会通过了他出任大总统的决议。过去我们仅仅把这种事情当作历史、当作笑话来看，没想到它竟然在今天重演。

官场，居然成了菜市场

近年来，跑官要官等现象比比皆是。最近媒体报道，某省的一个贪腐干部用一百万谋得地级副市长后，连连说道"还挺便宜的"，被传为冷笑话。官场，居然成了菜市场！

俗话说，没有需求就没有买卖，有买才有卖。这些人之所以得逞，关键是用人者，尤其是一把手心术不正，他们把人民赋予的权利当成了交易的商品。因此，以卖官者为核心，形成了一个个"臭味相投"的"××帮"。他们为了一个共同的目标走到了一起，共同干着祸国殃民的勾当，并形成了一种气候和环境。

要追究用人者的责任

现在有一个很时髦的词叫"政治生态"。自然生态的破坏者是人，政治生态的破坏者同样是人。正是用人者不正，才导致了一窝黑。要抓好用人环节，首先要追究用人者的责任，否则难除其根源。

考察这种政治生态，《吕氏春秋》中的"八观"说得非常深刻。

所谓"八观",就是识别人的八种方法,其中每种方法都折射出一种政治生态。这八个方面是:"通则观其所礼""贵则观其所进""富则观其所养""听则观其所行""止则观其所好""习则观其所言""穷则观其所不受""贱则观其所不为"。大意是:一个人发达了,要看他是否还谦虚谨慎、彬彬有礼、遵守规则;一个人地位高了,要看他推荐什么人,提拔什么样的人,他就是什么样的人;一个人有钱了,要看他怎么花钱,给谁花,花在什么地方,穷的时候节俭不乱花钱是资源和形势造就的,富了以后还能保持节俭才是品行的体现;听完一个人的话,要看他是不是那样去做的,不怕说不到,就怕他说了做不到;通过一个人的爱好,能看出这个人的本质;第一次跟一个人见面的时候,他说的话不算什么,等相处久了,再听听他跟你说什么,是不是跟当初一致,跟当初的差别越大,人品越不好;人在落魄的时候,要看他是否没了志向,能不能接受让他丧失原则的事;人在地位低下的时候,要看他是否能够不卑不亢,保持尊严。

以上这些论述,既为我们"识人"提供了借鉴,也告诉我们如何识别"识人者"。凡事必须从源头抓起,在用人方面,用人者就是源头。正因如此,党中央才提出了用人失察的"双责制",即不仅要追究当事人的责任,还必须追究其"伯乐"的责任。把住这头一道关,胜过一百个所谓的"模型"。

莫让"能力"迷住你双眼

除了准确识别"识人者",还有一个不容忽视的大问题就是,我们到底提倡什么,在用什么标准提拔和考核干部?说穿了就是"德"与"才"孰轻孰重的问题。

上面考核什么,官员就干什么

关于这一点,尽管理论上已经说得再明确不过,叫作"德才兼备",但在现实中常常不是那么回事。出于形势的需要,领导者往往会偏重某一方面。这种偏向直接表现在对干部的挑选、考察和评价上。正如高考是教育体制的指挥棒一样,对干部的考核实际上已经成为人才选拔的导向。

那么,对干部主要考核什么呢?我们在每年对政府和企业干部的考核中都会像模像样地罗列很多考核内容,在干部的述职中也从什么"德能勤绩"几大方面进行全面的总结回顾,但其实最终围绕的都是一条:你为单位创造了多少经济效益?对,还是要看GDP。说白了,就是以挣钱多少论英雄。

关于GDP的问题,前面已经讲了很多,这里不再重复。总之就是,

在 GDP 主义大行其道之际，为了保官、升迁，各级官员陷入了拼命追求各类经济指标的竞赛之中。

正因如此，导致群众看的也是这一条：你为官一年，到底给我们谋了多少福利？

执行政策也有"钟摆定律"

古话说："上有好者，下必甚焉""楚王好细腰，宫中多饿死"。讲到这里，想提出一个观点。我们在批评下级执行力不强时，常常会用一种折扣定律来解释，即一个正确的决策往往由于各层级的打折扣，最后化为乌有。其实，这仅仅是问题的一个方面，我们还应该看到另外一面，如果这个政策具有某种消极的因素，而这个消极因素又恰恰能够被下级利用，它就会被无限放大，由于一些无良下级的劣根性（包括私心），这种政策的负面会层层加码而形成一种恶政。所以，它就会像钟摆一样，上端只要偏差一点，越到末端其偏差的幅度就会越大，姑且把这种现象称之为"钟摆定律"。

GDP 主义就是一个现成的例子。有识之士十多年前就看到了它的弊端，并呼吁对其进行改变，但十多年过去了，它依然很强劲。

从本质上讲，对权力监督的缺失导致了腐败的恶化，而恶化了的腐败又必将强化 GDP 主义。二者相生相伴，很多腐败行为，只有在片面追求经济发展的语境下才能被正当化和常态化。

唯GDP主义，是一种扭曲了的政绩观。这些年就是在这样一种政绩观的导向下，形成了全社会的以创收论英雄的趋势。在其引导下，为达目的大家不再顾及过程与后果。至于你用什么方法，大家早已毫不在乎。于是，就出现了突破底线、不择手段以达目的的种种恶象。这种评价标准最消极的影响是极大败坏了社会风气，从最初的短斤少两，到以次充好，再到制假贩假，如病毒一样在社会上蔓延。各个单位都以经济效益为标准，于是"大学企业化"的观点出来了，"以药养医"的乱象也出现了。

舶来品的"变异"

在这种大背景下，一些从国外引进的管理理论也随之发生变异，然后被大张旗鼓地宣传着。目标管理理论就遭到了这样的命运。应该说，目标管理理论是近代管理界一大成果，它强调了目标的设定在管理中的重大作用。当然，在这个理论出现后，也曾有一些质疑的声音，认为它过分强调了目标的作用，而忽视了对实现目标过程的管控，会导致人们为了实现目标而不择手段。所以，作为其补充，又产生了过程管理理论。其内容就是要领导者加强对目标实现过程的控制。二者相辅相成，形成了比较完整的目标管理理论体系。

在目标管理中，如果忽视对过程的管控，就会产生极大偏差。但我在这里说的是更为糟糕的一种现象：在我们的管理实践中，常常把目标悄悄做偷梁换柱的改变，把目标变成了"指标"，仅仅一字之差可就失之千里。注意，在不少领导者眼里，所谓的"指标"就是单一的经济指标，简言之就是创收指标。完不成创收指标，什么都等于零；而能完成经济指标的人，那就"一俊遮百丑"，成为领导心目中的红人，成为众人学习的榜样，成为所谓的成功人士。这就导致了社会上重才轻德的现象，也就解释了为什么近年来一些"有才缺德"者纷纷上位，而最近又呼啦啦倒台的原因。

对于这种现象，现在有种说法叫"能人腐败"。反观最近倒台的干部，都是一些颇有作为的能人，也取得过一些骄人的业绩。但是，我们必须明白，能人一旦无德，危害更大。值得深思的是，近些年在考核干部时，提倡"千里马"多了，却冷落了"老黄牛"。殊不知，某些"千里马"其实是劣马，已经跑偏了道路。曹操曾经指出：进取之士，未必能有行；有行之士，未必能进取。在改革开放全面深化的今天，我们必须要理直气壮地提出：德才兼备，以德为先！

不妨想想"公、忠、能"

在德与才的关系上，司马光早就说过：才者，德之资也；德者，才之帅也。但是不同时期考核的重点不同。古人讲：守文之代，德高者位尊；仓促之时，功多者赏厚。也就是说在和平建设年代考察官员时，必须把"德"放在首位。这种观点，在古代不乏其例，形成共识的是考核官员要"德、法、术"三者兼备。

以治吏闻名的雍正皇帝也有一个非常有名的评价体系,叫作"公、忠、能"。这三个字各有一个代表人物,他们被雍正视为做官的楷模。

"公"指的是张廷玉。张廷玉的"公",体现在其弟张廷璐"科场舞弊案"中。此案中,张廷玉公私分明,与众官员"力保"其弟不同,张廷玉秉公处理,大义灭亲,"力参"其弟,维护了朝廷威严和科场公道。最后,张廷璐被处决,"科场舞弊案"风波得以平息。张廷玉因其"公"很受雍正器重,供职军机处。

"忠"指的是李福。在"科场舞弊案"中,李福忠诚于朝廷,忠诚于自己的职责,讲原则、顾大局,不与主监考大臣张廷璐同流合污,而是发现问题、反映问题、解决问题,确保为国家选拔真正的人才。李福因其"忠"而受雍正器重,接替诺敏出任山西巡抚。

"能"指的是田文镜。在查处山西巡抚诺敏"欺世盗名"追缴欠款假政绩案中,田文镜明察暗访,揪出了诺敏这个假典型。雍正皇帝刚登基时,急需政绩,诺敏为迎合雍正的这种心理,大搞投机。为表现山西政绩,诺敏和山西官员沆瀣一气,称在短短三个月内将亏欠十年的税银补缴完毕,制造假账欺骗雍正。真相大白后,雍正处决了诺敏。田文镜因其"能"备受雍正器重,擢升为河南巡抚。

我们现在对领导干部的选拔任用,虽说与雍正时代有着本质上的不同,但对那些一心为党、为国家、为人民服务的"公臣"、"忠臣"、

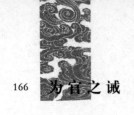

"能臣"们,仍然应该大力褒奖和宣传,鼓励他们好而思进,励精图治,为党、为国家、为人民再立新功。

所以,在2013年的全国组织工作会议上,习近平同志表示要坚持全面、历史、辩证看干部,注重一贯表现和全部工作;要改进考核方法手段,再也不能简单以GDP增长率来论英雄。

用"六正""六邪"考核干部

近几十年来,为了考评体系的科学,从学术界到企业界,再到政府部门,可谓煞费苦心。先后引进了一大批考核方法,从画得稀奇古怪的胜任力模型,到"360考核法",再到越弄越烦琐的"KPI"(关键绩效考核法),还有群众评议、公示制度,等等。各种考察、考核标准不可谓不细,过程不可谓不完整。然而,具有讽刺意味的是,在如此科学的考评体系下,不合格的干部却越来越多。

究其原因,我们不能不"考评"一下这些考评体系,其要害是舍本逐末,丢掉了"官品""人德"这项最关键的指标。一个人最怕没有人品,一个官最可怕的是没了官品。因此,各种所谓的考核方法都输给了古代最为朴素的一种方法,那就是首先要辨别一个官员的忠、奸、善、恶。

讲到这里，我们不妨介绍一下汉代刘向在《说苑》中提到的"六正六邪"的考核方法。

六种好干部

所谓"六正"，指的是这样六种好干部：

第一种叫"圣臣"。这种人目光敏锐，当一切还隐伏着，没有露出苗头，就能清楚看出存亡之机、得失之要，从而采取相应措施预防，让领导超然立于显荣之处。

第二种叫"良臣"。这种人待人虚心诚意，能不断向领导提供好的建议，从道德、仁义的角度劝勉领导，建议领导在制定政策时要有长远眼光，领导表现好的一面会赞扬，领导表现不好的地方会适时指出。

第三种叫"忠臣"。这种人每天都殚心竭虑，为公操劳，早起晚睡，经常向领导推荐贤能的人，以古代的嘉言善行来勉励领导。

第四种叫"智臣"。这种人不仅能看到可能出现的危机，还能防患于未然，堵塞漏洞，从源头上断绝，把损失降到最小，甚至能转祸为福，让领导没有什么忧心之事。

第五种叫"贞臣"。这种人在工作中奉公守法，遵守规章制度，辞谢一切赏赐，也不接受赠送，衣食节俭。这是忠贞不贰的干部，这

种同志应该是担任纪委工作的最好人选。

第六种叫"直臣"。这种人当国家混乱之际，当领导做出错误决策之时，敢于犯颜直谏，当面指出领导的过失。

按照这六种典范努力去做，无疑会得到荣耀，得到人民拥护，青史留名。

六种人值得警觉

下面的"六邪"，则需要我们多加警觉和预防：

"六邪"中的第一种叫"具臣"。这种人只求做官享受俸禄，谋取私人利益，置国家利益于不顾，有智慧不肯用，有能力不肯做，苟且求荣，随波逐流，没有主见，左右观望。像这样的人徒有其名，并导致官场庸俗成风。

第二种叫"谀臣"。这种人凡是领导讲的话都说好，领导的所作所为都说不错，暗中看准领导喜欢什么就奉献什么，以博领导欢心。在这方面，军中巨贪谷俊山可谓做到了"出类拔萃"。据说他有一种功夫，只要到领导家里坐上几十分钟，就会发现这个领导缺什么，想尽一切办法搜罗到手并呈上。这种人把精力全都用到了这上面，还有什么时间考虑民间疾苦？

第三种叫"奸臣"。这种人外表好像很谨慎，却内心险诈，说的话好听，做的表情好看，嫉贤妒能。对他想要推荐的人就替其隐恶扬善，对想要打击的人就隐善扬恶,让领导闭目塞听,用人失据,赏罚不当,命令也得不到执行。在这种人那里,一切考核方法都只是为我所用的工具,失去了真正的作用。

第四种叫"谗臣"。这种人智谋足以掩饰他的罪过,论辩才能足以让他的话得以施行。对内在部门中挑拨离间,把一个单位搞得矛盾重重,人们离心离德;对外则不断制造祸端,把国家弄得乌烟瘴气,甚至推向危险边缘。宋代的秦桧就是这样一个典型。

第五种叫"贼臣"。这种人专权仗势,狐假虎威,打着国家的旗号提高自家的权势。成群结党使自家富有,又假借上级的命令自我炫耀,增加自己的威势。

习近平同志指出,领导要管好身边的几种人,其中一种人就是秘书。这种人官虽然不大,但在外人看来绝对是领导身边的人。正所谓"官大奴也大",这种人往往成为下级献殷勤的对象。他们在领导面前都会装得唯唯诺诺,非常"乖"。一旦出去就完全变成另外一种人,颐指气使,盛气凌人,打着领导的旗号谋一己私利,图一时之快,极大地败坏了领导的声誉。而这时领导还常常被蒙在鼓里,认为这种人用起来顺手。

现在不少领导就是这样,一旦离开秘书,几乎什么事情都办不了,报告不会自己写,机票不会自己买,登机手续不知道怎么办,甚至连包包都不会自己拎。说严重一点,他们的生活几乎到了不能自理的地

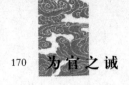

步。这就给那些"会办事"的人为自己牟私利提供了极大空间。

第六种叫"亡国之臣"。这种人用邪道向领导谄媚,让领导陷于不义,私下结党营私,搞小组织来蒙蔽领导。在领导面前说好听的,一离开领导,话就变了,变得黑白不分,是非不明。他们寻找一切机会来攀附领导,却让领导恶名遍布,使周围的友邦和国内的人民都知道领导之恶。

以上六种人就称为"六邪"。做这六种人,不仅会给自己和家人招来羞辱、祸端,更重要的是会坏了国家大业。

"忠"也有大、小之分

讲到这里,有一点要进一步解释一下,就是关于"忠"的问题。"忠"有大忠与小忠的区别,为人民服务,忠诚于党的事业属于大忠;如果忠于某个群体,甚至把忠诚于某个人当作忠于组织,就把官场彻底庸俗化了。

中国的官场发展史,向来盛行以人划线,把谁谁当成是某某的人。有些人感觉自己没有进入某个小圈子就不安全,于是想尽一切办法要钻进去,以图自保和高升。这种小团伙在初期可以称作是一种气味相投的"非正式小群体",久而久之就会由所谓的共同语言发展到共同利益,形成了以利相勾结的派别山头,最后发展到结党营私,形成一种盘根错节的利益群体,严重者甚至成为反党反人民的小集团,其后果就可想而知了。最近接连抓出来的"××帮"就是这么一步步形成的。

孔子早就讲过"君子和而不同,小人同而不和",又说"君子矜而不争,群而不党"。意思是说,君子庄重自尊而不与人争强斗胜,团结群众而不结党营私。这明确告诉我们,真正的君子是不会搞小团伙的,他有自己的原则;而小人是臭味相投,以利相交,他们的信条是世界上没有永远不变的朋友,也没有永远不变的敌人,只有永远不变的利益。

实用主义被这种小人用到了极致,所以姜太公早就针对这一现象提醒过周文王,他说:"君好听世俗之所举者,或以非贤为贤,或以非智为智。君以世俗之所举者为贤智,以世俗之所毁者为不肖,则多党者进,少党者退,是以群邪比周而蔽贤,是以世乱愈甚。"大意是说,您别以为大家都说好的人就是好人,这是因为大家摸透了您的脾气,就会把所有的精力都用到各处买好上去。最后会导致人缘好的上来,坚持原则而得罪人的人反而遭到贬斥。这样一堆结党营私的人围绕在您身边,让您闭目塞听,会导致整个世道更加混乱。

所以,在古代"党"这个字并不是什么好词,往往是谋反作乱的先兆,是犯死罪的。身处官场的人必须明白一个道理:小圈子的确能够"养人",人们可以通过攀龙附凤使自己春风得意,这叫"一荣俱荣",可一旦阴谋败露就会"一损俱损",结果是"树倒猢狲散",所以小圈子又是极为害人的,切记远离小圈子。

真正的革命者，在工作与生活中并非没有几个知己好友，但多属于"君子之交淡如水"，不会把私人感情带到工作中去。尤其在用人方面，搞"五湖四海"，不唯我独尊，以我划线。

"三严三实"是把硬尺子

党的十八大后，在继承和发扬党的光荣传统方面，可以说是大刀阔斧，一扫近些年来的颓气，开一代新风。尤其是在干部队伍建设方面，习近平同志提出了"三严三实"的观点，顺应了民意。

严以修身，就是要加强党性修养，坚定理想信念，提升道德境界，追求高尚情操，自觉远离低级趣味，自觉抵制歪风邪气。

严以用权，就是要坚持用权为民，按规则、按制度行使权力，把权力关进制度的笼子里，任何时候都不搞特权、不以权谋私。

严以律己，就是要心存敬畏、手握戒尺，慎独慎微、勤于自省，遵守党纪国法，做到为政清廉。

谋事要实，就是要从实际出发谋划事业和工作，使点子、政策、方案符合实际情况、符合客观规律、符合科学精神，不好高骛远，不脱离实际。

创业要实，就是要脚踏实地、真抓实干，敢于担当责任，勇于直面矛盾，善于解决问题，努力创造经得起实践、人民、历史检验的实绩。

做人要实，就是要对党、对组织、对人民、对同志忠诚老实，做老实人、说老实话、干老实事，襟怀坦白，公道正派。

习总书记倡导的"三严三实"，是对党的作风建设的继承和进一步升华，言简意赅，切中时弊。我们党在长期的革命斗争中有一个最为宝贵的经验就是"实事求是"，也正是靠着这一点赢得了民心，取得了革命的胜利，并靠它，根据中国国情取得了改革开放的巨大成就。

从微观上讲，大庆工人在艰苦创业的时代就提出了"三老四严"的精神，成为我们的传家宝。曾几何时，这些宝贵的财富被有些同志丢掉了。少数领导干部理想信念动摇，宗旨意识淡薄，精神懈怠；贪图名利，弄虚作假，不务实效；脱离群众，脱离实际，不负责任；铺张浪费，奢靡享乐，甚至以权谋私，走上了腐化堕落的不归之路。而这些歪风又常常披着鲜亮而时髦的外衣，我们不得不佩服某些官员所谓的"MBA"真没有白学，把一些时髦的理论偷梁换柱后，成了名正言顺的看家本事，"公关"变成了"攻关"，"执行力"变成了让下属听话，形式主义改头换面成了"作秀"和形象工程。

记得前几年，企业搞"CI"（企业识别）项目成为时髦，这个被西方早已不用的东西自从传到国内后，被理论界和咨询界奉为圭臬，视为提升企业管理的灵丹妙药，其实质无非两个字"包装"。很多企

业为此不惜下血本,花高价请所谓的专家设计一些标识,编几个口号,就算完成了企业形象设计。

其实,这就是京剧里的"花架子",没有一点实战价值,只是一种美丽的舞蹈,是"秀"给观众看的。说得再难听一些,一个企业如一个人的身体,如果百病缠身,你就算再怎么浓妆艳抹也只能糊弄一下世人,救不了命。《易经》中有一卦叫贲卦,指的就是文饰包装的意思,紧跟着的一卦叫做剥卦,什么叫"剥"?就是包装的那些漆皮经不住风吹日晒,很快就铅华褪尽,油彩层层脱落,露出本来面目。

之前,一些地方和城市纷纷上马所谓的形象工程,打造所谓的城市名片。于是,有些官员为了短期政绩,不顾老百姓的死活,在城里大拆大建,一座座时髦"花园别墅"建起,老百姓关心的基础建设却没搞上去,弄得怨声载道。当下,随着以反对"四风"为重要内容的党的群众路线教育实践活动进一步深入,各级领导班子和领导干部作风明显好转。出实策、鼓实劲、办实事,不图虚名,不务虚功,这是一大进步。

但我们同时看到,形式主义、官僚主义、享乐主义和奢靡之风,在一些地方并未彻底扫清。我在一些地方看到,某些干部由于"山高皇帝远",只要中央的"风"还没刮到那里,他们依然故我。具体表现在,调查研究"坐着火车转,隔着玻璃看。只看门面和窗口,不看后院和角落";干起工作玩"牛栏关猫"游戏;平时生活依然被"三小"包围,即建立自己的小圈子、结交小兄弟、放纵小爱好。在小圈子里,遇事"酒杯一端放宽放宽",选拔干部"筷子一举可以可以"。

这些问题尽管是老问题,尽管是少数,但依然损害党在人民群众中的形象,损害党群干群关系,不仅与我们党的宗旨格格不入,也是党性不强、纪律不严的体现。而刮到那里之后,又是满嘴怨言,抱怨这工作真是没法干了,于是就变成了不作为的庸官。他们的哲学是"多干多出错,不干不出错",打着学习的旗号,闭门谢客,借着身体的原因小病大养,用怠工来对抗上级的精神。其实,他们所谓的"干"属于乱作为、放空炮,现在的"不干"就是放哑炮,属于典型的不作为。而不作为就是最大的错,你身在其位,不谋其政,食君禄而不奉君命,是迟早要被历史淘汰的。

当前,我国面临的形势依然错综复杂,支撑发展的要素也在发生深刻变化。我国经济正处于结构调整阵痛期、增长速度换挡期,到了爬坡过坎的紧要关口,改革"险滩"等着去涉,"硬骨头"等着去啃。因此,各级领导班子和领导干部,必须以"三严三实"来要求和对照自己。严以修身,就是要加强党性修养,坚定理想信念,提升道德境界,追求高尚情操,自觉远离低级趣味,自觉抵制歪风邪气。

天下大事必作于细,古往今来必成于实。任何时候,都要坚信空谈误国,实干兴邦。任何时候都要明白"搭一次花架子,就把群众心伤一回;走一次过场,就与群众的距离远一分"。改革只有进行时,

没有完成时,只有真正做到"三严三实",保持力度、保持韧劲,善始善终、善作善成,作风建设才能不断取得新成效,其内涵才能不断得以升华。所以,从今以后某些干部必须识大体、明大势、辨大理,彻底改变原来的思维定势,丢掉那些花里胡哨的假把式,真正把"三严三实"变成考查自己的一把硬尺子。

近君子,远小人

"君子"是儒家思想及中国文化的核心概念。在儒家的经典中有太多关于君子的表述,与君子对应的自然是"小人"。在君子最初的词义上,君子指的是管理者本身,小人则是被管理者。正所谓:"君子之德,风,小人之德,草。"但这二者后来更多地被赋予了道德的含义,也就是有德之人是君子,无德之人,尽管身居庙堂之高,也属小人之列。孔子强调从在位者到有修养者的改造,其关于君子修养的论述,在当代也极有意义。

孔子对弟子反复说道:与善人居,如入芝兰之室,久而不闻其香,则与之化矣;与恶人居,如入鲍鱼之肆,久而不闻其臭,亦与之化矣。与这个思想如出一辙的是诸葛亮在《前出师表》中语重心长地对后主说的那段话：亲贤臣，远小人，此先汉所以兴隆也；亲小人，远贤臣，此后汉所以倾颓也。先哲的话告诉我们一个颠扑不破的真理，从来君子与小人都是共存并绵延不绝的，关键是要亲近君子，远离小人，才会使事业兴旺发达。

要想接近君子，领导者自身先要成为君子。什么人是君子呢？尽管先哲的表述不尽相同，但有一点可以肯定，君子是道德高尚的人，是有益于百姓苍生的人。具体可以表现在如下方面：他们具有"诚意、正心、修身、齐家、治国、平天下"的人生理想；在家庭中，懂得并身体力行"百善孝为先"，遵守"孝悌忠信"的伦理道德，具有"家和万事兴"的齐家之略；在日常生活与工作中，能够做到"见贤思齐""见义勇为""知行合一""己所不欲，勿施于人"，每天"三省吾身"，拥有"君子慎独"的修身之方。

如李大钊所说，他们能做到"铁肩担道义"，有着"为天地立心，为生民立命，为往圣继绝学，为万世开太平"的道义担当。并且，由"论道者"转为一个"行道者"，起码能够达到"穷则独善其身，达则兼济天下"的精神境界。

作为一名共产党员，深刻理解人民的历史作用，懂得"水能载舟、亦能覆舟"的历史规律，懂得"治国之道，必先富民"的理政之道和"天下为公""世界大同""致中和"的经世方略。在国家危难之际，要有"天下兴亡，匹夫有责""舍生取义"的爱国情怀，在人格方面要做到

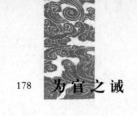

为官之诚

"富贵不能淫，贫贱不能移，威武不能屈"，具有"仁义礼智信"的基本价值观。归纳起来，正如《易经》中所说，就是"天行健，君子以自强不息；地势坤，君子以厚德载物"。这是一种伟大的奋进精神和广博的胸怀。

想成为君子，诚如孔子所言，要不断提高自身的修养，做到"九思"，即"视思明，听思聪，色思温，貌思恭，言思忠，事思敬，疑思问，忿思难，见得思义"。也就是说，君子有九种要用心思考的事：看要看得明确，不可以有丝毫模糊；听要听得清楚，不能含混；脸色要温和，不可以显得严厉难看；容貌要谦虚恭敬有礼，不可以骄傲、轻忽他人；言语要忠厚诚恳，没有虚假；做事要认真负责，不可以懈怠懒惰；有疑惑要想办法求教，不可得过且过，混过日子；生气时要想到后果灾难，不可意气用事；遇见可以取得的利益时，要想想是不是合乎义理。

因此，我们应牢记先哲的教导，正人先正己，把自己修成一名真正的君子，为成就中华复兴的事业贡献力量。

第八章
功名之诫
淡泊明志最养生

人最宝贵的莫过于自由，失去了自由就等于失去了生活。种菜虽然辛苦一些，但可以凭借自己的劳动获得生存所需的资料。如果心欲不多，更可以其乐无穷，享受着大自然馈送的阳光、美景。如果进了牢房，这一切都不再拥有，自然失去了人生。

冀文林二姐的感叹

冀文林，原海南省副省长，2014年2月18日被宣布"涉嫌严重违纪违法，目前正接受组织调查"。7月2日，冀文林被宣布开除党籍和开除公职。当冀文林的二姐听到冀文林被调查的消息时，不禁掩面痛哭，追悔莫及，脱口而出："早知道他这样，不如当初让他在家种地。凭他的脑子在家种地也能过上好好的日子，为啥非当官呢？"冀文林二姐的感叹也许是对的，假如他不走当官这条路，很可能就不会有今天的牢狱之灾，很可能还在家中享受着天伦之乐。

不过，有一次我在一个中青年干部班讲过有些农村老人长寿之道后，有个学员下课对我说："当然，这些人是活了百岁，可他们活得有啥意思呢？一辈子无所作为，庸庸碌碌。"言外之意就是，大丈夫应该活个轰轰烈烈，哪怕马革裹尸。

对此，我表示赞赏。于是，我和他们讲，"大家知道儒家是讲究'入世'的，而道家尤其是释家是讲究'出世'的。我向大家介绍这几家的观点绝不是让大家集体'出世'，一起出家当和尚、尼姑，若真如此那这个社会可就麻烦了。我的建议是以出世的心态入世"。大家开始并没明白我这话的意思，我接着向他们解释，"我主张一个人活在

为官之诫

世上应该有所作为,但人在江湖,应该把功名利禄看得淡一些,在其位要多想着为百姓做点实事,别太在意官位。假如哪天上级不让你当了,或上不了台阶了,也要以一种平淡之心对待"。

种菜与做官

每个人都向往成功,尤其是年轻人。所谓成功,按照前面庸俗的解释就是"出人头地",比如当官。话又回到冀文林身上,如果将种菜与当官放在一起让人们选择,不能说绝大多数,至少相当一部分人还是会选择当官。在中国人的潜意识里,当官可以发财,当官可以光宗耀祖,当官高人一等,还可以为亲朋好友谋利,所以就有了"一人得道(当官),鸡犬升天"之说。

现在之所以腐败成风,其中就有这种封建意识在作怪。我们说,出发点决定终点。假如动机不纯,问题就来了,你"成功"以后会怎么样?如果是抱着前面那个目的而去的,结果十有八九会是冀文林的下场,因为他会从不甘寂寞发展到经不住诱惑,最后必然走向主动寻求诱惑。况且环顾四周,似我者比比皆是,哪会一个炸雷劈到我呢?于是胆子越来越大,最终落得个身败名裂,才会发出冀文林二姐般的感叹。

其实,这只是后悔之话,冀文林如果不落马,估计他二姐会说,还是当官好。很多事看怎么比,种菜和坐牢比起来,不知道要幸福多少倍。对一个人来讲,最宝贵的莫过于自由,失去了自由就等于失去了生活。种菜虽然辛苦一些，但可以凭借自己的劳动获得生存所需的资料。如果心欲不多，更可以其乐无穷，享受着大自然馈送的阳光、美景。如果进了牢房，这一切都不再拥有，自然失去了人生。到了此时，自会后悔，甚至"大彻大悟"。

出来混总是要还的

当然，我们不能把做官和坐牢画上等号，但假如一个人骨子里就是那种价值观，他就算不当官，难道就不会出事吗？他还可能会去偷、去抢，去干其他作奸犯科的事情。冀文林出事并不在他有没有当官，而在他有什么样的价值观、人生观。

依现在的社会风气，有人说，中国不是官员腐败，而是全民腐败，这比贪腐更可怕、更难治。因为中国人办事习惯于托关系、找熟人、送礼物、请吃喝等非正常手段。不当官时，对腐败疾恶如仇，一旦自己当官，就以权谋私，走向腐败。所以，当初冀文林走向官场，估计也是怀着升官发财、过上人上人生活的美好梦想的。这也是许多中国人的人生追求。现在冀文林落马了，人上人的生活没有了，还落得个失去人身自由的下场，自然比不上种菜的。

当然，官场比起民间，诱惑更多。用一些官员的话讲，你在那个位子上想不贪都难。对于冀文林的二姐这个农村妇女来说，她可能是不知道内因外因理论的，更不知道"官场有风险，入场需谨慎"。对

为官之诚

于当初的冀文林来说,也是不知道官场风险的。但冀文林的父亲对官场风险是心中有数的,因担心冀文林无法抵御外界的诱惑,曾一再提醒他,做官一定要"廉"。即使在临终前,冀文林的父亲仍念念不忘提醒冀文林一定要廉洁,冀文林也满口答应了父亲的临终要求。可惜,冀文林早就深陷腐败的泥潭无法自拔。在老父去世后,还是栽在了曾最让老人担心的金钱、美色诱惑上。

如果心平气和地分析冀文林走向腐败的过程,可能会发现,他也许身不由己,或是成了温水煮青蛙的牺牲品。冀文林从中国地质大学物探系勘查地球物理专业毕业后,进入地质矿产部工作。名牌大学毕业,进入国家部委工作,就当时而言,冀文林确实很幸运。更加幸运的是,冀文林后来成了当时的地矿部、后来的国土资源部部长的秘书,又随着自己的领导到四川省委、公安部工作,职务节节飘升,36岁官至副厅,47岁升至副省,让所有同辈之人羡慕不已。可在幸运的同时,不幸也与冀文林如影随形,他没有跟着一个好领导,使其进入了一个腐败的人生轨道,而此时冀文林已经难以掌握自己的命运了。

冀文林与中央政法委办公室原副主任余刚、四川省原副省长郭永祥、中国石油天然气集团公司原副总经理李华林都曾是这只大"老虎"不同时期的专职秘书,而这些秘书现在都已落马。还有,公安部原副部长、党委副书记李东生,也是此位领导的直接下属,公安部警卫局原正师职参谋谈红也是此位领导的秘书,这两人也因为严重违纪违法落马。此领导的所有秘书全军覆没，都因腐败而被拿下，说明以此领导为核心，形成了一个腐败集体，冀文林进入这个腐败圈子，不腐败已无可能。在某种程度上，冀文林可能也有些身不由己。自己的领导腐败，让他去办腐败的事，他不得不办；领导收了好处，别人也给他好处，他也不得不收。当时，领导收了好处没有事，自己觉得自己收了好处也没有事。这就是温水煮青蛙的过程。

　　对于这些内幕，作为置身于官场之外的冀文林二姐，是全然不知的。对于官场之外的其他人，估计也不太清楚，官场原来还有如此情景。这些年，官场腐败之风确实强劲，甚至让一些廉洁官员没有立足之地，不少廉洁官员只能被迫离开或被排挤出官场。前些年，有些人虽然身在官场，如果进不了某个圈子，即使有天大的本事、政绩突出、公正廉洁，也只有被挤兑、被压制的份儿，甚至被腐败分子视为眼中钉、肉中刺，而被诬陷捉弄，这就是官场的险恶，这就是不健康的政治生态。好在党的十八大之后，中央大力反腐，很快扭转了这股风气，虽然达到根治的目标还有很长的路要走，但已经给腐败分子以致命打击，一大批腐败高官落马，也算是对腐败分子的秋后算账吧。

　　当然，话虽这么说，理也是这个理，但对于冀文林二姐来说，的确失望之极。为了供冀文林上学，两个姐姐不得不放弃学业，和自己的父母在生产队挣工分养家，到了出嫁年龄也不敢出嫁，为的就是在家劳作，供弟弟们上学。冀文林去上大学前，家里的各路亲友都或多

为官之诫

或少送来了粮票,作为对这个"缺粮户"的最大支援;大姐二姐还做了几双鞋,塞进了弟弟的行囊;为了置办一身像样的衣服,冀文林自己也跑去和舅舅一起刨药材卖钱。这之后,全家依然继续打着供大学生读书这场消耗战。据大哥冀文俊回忆,每学年开学之前的两个月,冀父就开始主动四处帮别人家干活,目的是先在这些人家做个人情。"然后,我父亲这么要面子的人,就得这家借20元,那家借30元,给我弟弟凑学费。"大哥现在想起来还感慨颇深。在他印象中,父亲总是一副"劳动得很乏"的样子,而且冬天只有一条单裤的他,必须要不停地干活,才能给自己保暖。三弟也为此做出了牺牲,当年他已拿到了高中录取通知书,但因家中财力已严重亏空,又赶上父亲得了脑血栓,只好选择了外出打工挣钱,成了烧白灰的工人。这些事说起来有些心酸,如果冀文林守住了做人的底线和做官的红线而没有落马,说起这些事情来就会少了些心酸多了分欣慰。

但是,这又能怨谁呢?谁让冀文林碰上一位腐败的领导并成了他的秘书呢?谁让冀文林没有发现腐败的温水在煮自己而趁早跳出那口锅呢?谁让冀文林赶上了腐败高发时期呢?这也许就是人生,把握了正确方向,就能终身享受生活的快乐,搞错了人生方面,迟早要还账的。冀文林现在已经到了还账的时候,但冀文林永远还不清亲人对自己的养育之账。

三十功名尘与土

前面讲到的基本都是外因。毛泽东曾经说过,内因是变化的根据,外因是变化的条件。假如内因不好,再加上外因的作用,犯罪就成了必然。假如内因健康,肯定也能练成百毒不侵的金刚之身。这个内因就是一个人的人生观。

这一辈子,你打算怎么过

所谓人生观,说通俗点就是你这辈子打算怎么过?怎么过才算快乐?老北京人有一个口头语叫"找乐儿",这是草根们的一种生活方式,闲下来斗个蛐蛐,养个鸟,就是快乐。而一旦成了大款高官,那个"乐儿"可就不是小乐子了,收金条是"乐儿",包二奶是"乐儿",醉生梦死是"乐儿"。俗话说"不作不死",不少人就是毁了"三观",才走向灭亡的。

说实话,现在人们的物质生活的确提高了,可大家又一块儿喊累、喊烦。为什么?据调查,现代人当中,竟然有90%的人因强烈要求结果而生活在痛苦之中,没钱想发大财、中彩票,有了钱就开始"作"。这个病恐怕既不是靠吃药,也不是靠心理咨询所能治疗的。心理咨询

解决不了"三观"的问题。更何况,我们看到不少心理医生自己也陷入迷茫与痛苦的窘境当中。

因此,在今天这个浮躁的社会,首先要有一个正确的人生观,才能使自己保持清醒,守住一份宁静,既不随波逐流,也不怨天尤人。要做到这一点就要有一个良好的心态。季羡林老先生在谈到诸种和谐时,尤其强调人内心世界的和谐。它不仅有益于我们人生,也有益于养生。这就是我们所说的生理养生不如心理养生,心理养生不如哲理养生的道理。

去浮躁,守静笃

要想做到坚持操守,保持宁静,中国的优秀传统文化确实是一剂净化心灵的镇静剂。尤其是老庄学说和佛家理论,如果剔去其中虚无主义的成分,可以从中吸取不少让我们"静"下来的有益养分。

用佛家的观点看,人有三业八苦。所谓三业就是身、口、意三业,即人的身体所造的业、语言所造的业,以及人内心无穷的欲念。正是这些带来了生、老、病、死、爱别离、怨憎会、求不得等种种痛苦。而所有这些痛苦都源于人的贪、嗔、痴三心。那么如何解除这种痛苦?这就要靠"破除我执",也就是破除对于自己对于"我"的那种执着之心。因为在佛家看来,"一切皆为法,如梦幻泡影,如雾亦如电"。用通俗的观点看,就是很多东西都是过眼云烟,要把所有的功名利禄看轻、看淡。唯如此，才能去掉种种痛苦和折磨。用儒家的话来讲就是"君子坦荡荡，小人常戚戚"。

道家学说特别强调通过乐天知命来达到天人合一的境界。道家给了我们一种旷达的生活态度。旷达就是看得开，放得下。庄子认为首先要保持精神的平衡，保持心理的恬淡平静，身体的疲困并不要紧，精神的焦虑和疲困才是危险的。在生活方面提倡自然养生，清心寡欲，这也是中医自然养生的理论基础。

老庄不仅是我国养生学的开创者，也以修身养性、颐养天年为其理论旨归。战国时代社会动荡，旧有的宗教伦常不能维系人们的信念，保身全生是一种普遍的社会思潮。

老子的"贵以身为天下""长生久视之道"，庄子的"道之真以治身""为善无近名，为恶无近刑。缘督以为经，可以保身，可以全生，可以养亲，可以尽年"等观点都表现了老庄的"贵生""贵身"思想，强调人要珍视生命的存在，不要被"身外之物所役使"，应"致虚极，守静笃"，以静待那不可测知的千变万化，和自然界保持默契与和谐，安于自然的安排，遵循自然的规律；不要让内心的和谐被生死、穷达这些事物形式的变化扰乱；"塞其兑，闭其门"，不要受外物的引诱，休心息虑，不尚机巧，不玩弄智慧，绝圣弃智，不为五音所扰，不被五色所迷乱；虚静结合，达到"忘我""吾丧我"，即抛弃掉假我，保持"真""朴"的本性，就可以称为"真人""神人"了。

正如老子所说"弱其志""虚其心""常德不离,复归于婴儿""专气致柔,能如婴儿乎""治人事天,莫若啬",都是要求人们抛弃一切欲望和杂念,像婴孩一样朴实混沌,天真无邪,注重爱惜自己的精神。正如庄子所说"吹呵呼吸,吐故纳新,熊颈鸟伸",即集中意念,调节呼吸,吮吸清新自然之气,像熊鸟等动物一样,"独与天地精神往来,而不敖倪于万物。不遣是非,以与世俗处",就接近了所谓的"道",合乎养生的规律了。

康百万庄的启示

讲到这里,又一个重要的人生辩证法被提出来了,那就是如何看待"舍得"?在生活当中,有时吃了亏,我们常讲有舍才会有得。这句话作为一种心理安慰未尝不可,但仔细琢磨一下,这种说法还是带有一些功利色彩,其目的还是为了回报。因此,我们必须把这句话说全,也就是把这句话再反过来读读,叫"得舍",也就是有所得的同时肯定会有所舍。二者的关系绝对是辩证的。

康百万庄的"长寿"基因

为了说明这一点,我想起了一个很大的庄园——康百万庄。康百万庄园位于河南巩义市,由于在那里没有拍过有名的电视剧,所以它没有乔家大院或牟氏庄园那么有名,但其规模远远超过二者。20世纪六七十年代,河南康百万庄园、四川刘文彩庄园、山东牟二黑庄园,被称为全国三大庄园,康百万庄园作为三大庄园之首,比山西乔家大院大19倍。它的规模让人震惊,它的"长寿"更让人深思。现在我们常常讲要做"百年老店",它居然延续了四百年之久。

"康百万"是明清以来对康应魁家族的统称,因慈禧太后的册封而名扬天下。康应魁家族,上自六世祖康绍敬,下至十八世康庭兰,一直富裕了十二代,四百多年,富甲三省、船行六河,土地达18万亩,财富无以计数,民间称其"头枕泾阳、西安,脚踏临沂、济南";康百万靠河运发财,靠土地致富,靠"贡献"得官,多次得到皇帝赏赐,最高时官至三品,数次钦加知府衔。明、清时期,康百万、沈万三、阮子兰被中国民间称为三大"活财神"。

它的闻名,还不在于它的大,而在于它的长寿。它的长寿在于它

的文化基因。当地有一句口头语叫"进入康百万,先看留余匾"。这块匾可谓是这个大家族的镇宅之宝,也是康家庄园文化的象征。

几年前,我正是带着对这块匾的好奇,走进了神秘的康家大院。但见其过厅正上方悬挂的,就是这块带有康家家训的形状别致的"留余"匾。其别致首先是它独特的造型,这块匾不是中规中矩的长方形,而是卷曲自如,像一面迎风招展的旗帜。这个造型,应该说蕴含了康家祖先良苦的用心,就是说,康家主人希望"留余"思想像一面旗帜代代流传。更为别出心裁的是,"留余"两个字的格局,叫上留余天,下留余地,以此来告诫子孙后代,要上对得起国家朝廷,下对得起黎民百姓。甚至有人从读书的角度看,这块匾又像是一幅展开的书卷,让人想起开卷有益。

当然,最能启示后人的还是"留余匾"上的内容。在留余两个大字后面,镌刻着几行密密麻麻的小字,上面写道:"留耕道人四留铭云:留有余,不尽之巧以还造化;留有余,不尽之禄以还朝廷;留有余,不尽之财以还百姓;留有余,不尽之福以还子孙。"

这里引用南宋留耕道人王伯大的四句座右铭,告诫子孙凡事都要留有余地。人生在世,不要把福禄寿财都享尽、用尽、占尽,把它留给需要的人。接着,又引用明朝进士高景逸的两句话"临事让人一步,自有余地;临财放宽一分,自有余味",可以说把留余思想发挥到了极致。最后又总结道:"若辈知昌家之道乎?留余忌尽而已。"昌家之道就是留余忌尽，这句话道出了康家繁荣昌盛四百年的秘诀：就是凡事留有余地，忌盈忌满，过犹不及。这块匾现已被列入中华名匾之一。

悟透"舍得"是根本

康家的思想体系值得我们今天的"成功人士"三思：我们用什么方法取得成功，取得成功后如何保持成功？

我经常和学员们说，这四个"留余"不就是我们现在倡导的所谓企业文化吗？很多企业的使命当中常常有各种光鲜的表述：什么回报社会、回报国家、回报员工、回报股东，等等。可我们看到的实际情况却令人失望。不少企业仅仅把这些话变成了"拉拉队"式的口号，喊的是创造社会效益、诚信为本、安全第一，做的却常常是经济效益为本、眼前利益为命，最后是要钱不要命。

反观康氏家族，在这个家训的约束下，他们一代代人确确实实在身体力行着。这里无意为这个大地主家族过分涂脂抹粉，但通过这个家族的诸种善举，我认为他们已经深深悟透了"舍得"的真义。他们懂得舍得散财以聚人，懂得舍去眼前而赢得长远。比如，每年春荒时，他们都要搞大舍粥的活动，让四方百姓以度饥荒。为了诚信，他们对熬的粥有一个量化标准，那就是要浓到插上筷子倒不了。注意，这绝不是当今某些人搞的什么"冰桶挑战"那种无聊的作秀，而是实实在在坚持不懈地做，并且不事张扬。正因为"舍"，康氏家族才"得"

为官之诫

到上天的眷顾,这个上天就是当地百姓和后人的交口赞誉。

在其庭院中,随处可见这种充满着辩证思想的楹联,如"好人多自苦中来莫图便易,凡事皆缘忙里错且更从容"。读着这些楹联,我不禁想起,这些思想不正处处折射出中国传统文化的光辉吗?老子在谈到做人时有这样几句深刻的话:"不自见,故明;不自是,故彰;不自伐,故有功;不自矜;故长。"也就是说,只有不作秀,才能真正赢得人心;不自以为是,才能得到真正的彰显;不自吹自擂,百姓更会记得你的功劳;不整天端着臭架子,才能受到大家内心的尊重。

这些话可谓是对社会上一些丑态的尖锐批判,对于那些忘乎所以的"土豪""恶吏"们而言,是一剂良药。但我估计,他们可能看不懂也不愿接受这个观点,所以他们逃不出"富不过三代"甚至"二世而亡"的魔咒。更为深刻的是,老子在讲完这些话后总结道:"夫唯不争,故天下莫能与之争。""知足之足,恒足矣。"唯其不争,才能得到大家的承认,使别人无法与你争;唯其知足,才会得到更大更永久的"足"。

所以,古人非常讲究不争之德,勿逞一时之能,唯如此才能使社会清明,人民和谐。如曾国藩所说:"君子尚让,故涉万里而途清;小人好争,足未动而路塞。君子能受纤微之小嫌,故无变斗之大讼;小人不能忍小忿之故,终有赫赫之败辱。"这些道理从小处说,可为做人之道,为官之道,往大处说,则是治国之大道!